ACCESO GRATIS ***a la Lectura en la Nube***

Para visualizar el libro electrónico en la nube de lectura envíe junto a su nombre y apellidos una fotografía del código de barras situado en la contraportada del libro y otra del ticket de compra a la dirección:

ebooktirant@tirant.com

En un máximo de 72 horas laborables le enviaremos el código de acceso con sus instrucciones.

TRABAJO SOCIAL Y DISCAPACIDAD:
Claves para abordar la intervención desde una perspectiva crítica

Procedimiento de selección de originales, ver página web:
www.tirant.net/index.php/editorial/procedimiento-de-seleccion-de-originales

TRABAJO SOCIAL Y DISCAPACIDAD:

Claves para abordar la intervención desde una perspectiva crítica

(Coords.)
ANDREA GARCÍA-SANTESMASES FERNÁNDEZ
LAURA SANMIQUEL-MOLINERO

tirant lo blanch
Valencia, 2024

En caso de erratas y actualizaciones, la Editorial Tirant lo Blanch publicará la pertinente corrección en la página web www.tirant.com.

EDITA: TIRANT LO BLANCH
C/ Artes Gráficas, 14 - 46010 - Valencia
TELFS.: 96/361 00 48 - 50
FAX: 96/369 41 51
Email: tlb@tirant.com
www.tirant.com
Librería virtual: www.tirant.es
DEPÓSITO LEGAL: V-2099-2024
ISBN: 978-84-1197-074-7

Si tiene alguna queja o sugerencia, envíenos un mail a: *atencioncliente@tirant.com*. En caso de no ser atendida su sugerencia, por favor, lea en *www.tirant.net/index.php/empresa/politicas-de-empresa* nuestro procedimiento de quejas.

Responsabilidad Social Corporativa: http://www.tirant.net/Docs/RSCTirant.pdf

Índice

Introducción: una mirada crítica a la dis/capacidad y la intervención social

ANDREA GARCÍA-SANTESMASES FERNÁNDEZ
Universidad Nacional de Educación a Distancia
LAURA SANMIQUEL-MOLINERO
Universitat Autònoma de Barcelona

Capacidad y discapacidad son las dos caras de una misma moneda, un binomio relacional y cambiante. Las nociones sobre qué es la discapacidad, y asimismo qué constituye un cuerpo o mente *discapacitados*, han ido variando históricamente y, a día de hoy, conviven diferentes definiciones sobre los mismos, muchas veces en disputa. Es por eso que autores como Goodley (2014) optan por hablar de dis/capacidad cuando quieren hacer referencia a este carácter relacional de la capacidad y la discapacidad.

Este manual recoge y contextualiza la disputa terminológica y conceptual en torno a la dis/capacidad y de ello dan cuenta sus páginas, en las que podremos ver distintos términos para nombrar esta realidad: personas con discapacidad, personas con diversidad funcional, discapacitados... Es importante señalar que estos términos no son neutros ni equivalentes entre sí, sino que cada uno se sitúa en una determinada trayectoria y responde al momento histórico, la legislación vigente y los posicionamientos políticos. En este manual hemos decidido que cada autor/a pudiera utilizar la terminología que considerara más adecuada con el objetivo de visibilizar la pluralidad de voces y enfoques que conviven a día de hoy, pero no queríamos dejar de puntualizar sus diferentes implicaciones.

El capítulo 2 —*Paradigmas y modelos sobre la discapacidad: Bases para orientar y evaluar la intervención en trabajo social*— realiza una panorámica de los modelos desde los que hemos pensado sobre la discapacidad a lo largo de la historia occidental, y que siguen teniendo un efecto profundo en cómo intervenimos desde el trabajo social sobre las personas categorizadas como discapacitadas. Asimismo, el capítulo da cuenta de las principales perspectivas críticas de la discapacidad, surgidas en el ámbito anglosajón, pero también con un correlato en el contexto español.

El siguiente capítulo —*Apuntes para una historia de la discapacidad en España*— sale de ese contexto global para aterrizar la historia reciente de la discapacidad en el contexto español, lo que nos ayuda a comprender cómo la noción de discapacidad que hemos manejado en cada momento histórico como base para la intervención social no puede desligarse del contexto político, y de los procesos de conformación y transformación del Estado español. El capítulo parte de los albores de la modernidad para terminar en el movimiento de las personas con discapacidad, que llegó a España a principios de este siglo. En el capítulo que le continua —*Puntos de encuentro de las apuestas ético-políticas del trabajo social con los estudios sociales de la discapacidad*— se aborda dicha discusión histórica y conceptual en el ámbito latinoamericano.

Bajo el paraguas de la "discapacidad" conviven realidades muy diversas que plantean retos potencialmente divergentes a la intervención social. Por ello, este manual recoge algunos capítulos que se centran en condiciones concretas —como pueden ser la diversidad funcional física (capítulo 5), la discapacidad intelectual (capítulo 6) o la infancia (capítulo 7)— que precisan recursos y apoyos específicos. El capítulo 5 —*La promoción de la vida independiente en personas con diversidad funcional: una mirada desde el trabajo social*— se mete de lleno en cómo se ha articulado la asistencia personal en el contexto español, propuesta clave del Movimiento de Vida Independiente (MVI) para promover la autonomía personal, y todavía gran desconocida para el trabajo social. Por su parte, el capítulo que le sigue —*El trabajo social, una pieza fundamental en la promoción de la autonomía y la toma de decisiones para personas con discapacidad intelectual*— problematiza el énfasis en las "decisiones individuales" de dicho movimiento y ahonda en cómo se articula la intervención social para las personas con discapacidad intelectual. A continuación, el capítulo 7 —*Trabajo social y menores con discapacidad. El modelo de intervención centrado en la familia*— pone en tensión presupuestos capacitistas y edadistas del trabajo social al abordar la perspectiva de los menores con discapacidad y sus familias, que precisan de un enfoque de intervención holística.

A pesar de la necesidad de intervenciones situadas e individualizadas, es importante no perder de vista la problemática más amplia que condiciona la intervención social con estas poblaciones y que tiene que ver con el sistema de desigualdad social, el capacitismo, que marca y devalúa todo lo que se vincula con la "discapacidad" mientras que vincula la "capacidad" con lo propio de la especie humana (Campbell, 2009). Y también hay que tener en cuenta que dicho sistema intersecta con otros, como el patriarcado, en el posicionamiento simbólico y material de los sujetos, dejando a algunos, como las mujeres con diversidad funcional, en situaciones de especial vulnerabilidad (García-Santesmases, 2023). La necesidad de un enfoque interseccional es evidenciada en el capítulo 8 —*Desigualdad por razón de discapacidad. La intersección de la discapacidad con otros ejes de estratificación y exclusión*— en el que se analizan en detalle los datos relativos a la desigualdad y exclusión social de la población con discapacidad, cruzando esta variable con otras como la clase social o la etnia.

Por último, cabe señalar que es importante conocer no solo las teorías y modelos históricos que rodean al constructo dis/capacidad sino aterrizar estos debates en el campo de actuación del trabajo social. Precisamente, el capítulo

9 —*Imaginarios sociales sobre discapacidad en trabajo social: cuando los prejuicios nos impiden aprender*— ofrece una perspectiva desde la experiencia de la autora, como persona con discapacidad y estudiante y profesora universitaria de Trabajo Social, sobre cómo la enseñanza y práctica de la disciplina tienden a reproducir determinados imaginarios capacitistas. Su análisis nos muestra cómo las trabajadoras sociales del futuro están en ocasiones ancladas en los modelos del pasado, y lo necesario que resulta que cuenten con la perspectiva crítica en su caja de herramientas profesional.

El manual concluye con un capítulo en el que las coordinadoras del mismo apuntamos las claves que, consideramos, definen un trabajo social anticapacitista, marcado por la vocación de transformación social y no por la simple gestión de recursos asistenciales. Consideramos que la discapacidad no es, simplemente, una de las áreas de intervención social propias de nuestra disciplina y otras afines, sino que puede constituir un detonante para una reflexión más profunda sobre nuestro quehacer profesional. Asimismo, el trabajo social, como disciplina eminentemente práctica, puede servir para aterrizar muchas de las discusiones teóricas de los Estudios de la Discapacidad y convertirlas en mejoras prácticas para la vida de la gente.

No hay que olvidar que, precisamente, fue el trabajo social la cuna de los Estudios de la Discapacidad. En 1983, el teórico Mike Oliver, considerado uno de los fundadores de este campo de estudio, publicó *Social Work with Disabled People*, un manual para sus estudiantes de trabajo social, donde apareció publicado por primera vez el llamado "modelo social de la discapacidad". No nos detendremos a describir dicho modelo —ya lo hace con detalle el capítulo que encontraréis a continuación—. Nos limitaremos a decir que su aparición propugnó un cambio de paradigma revolucionario que desveló que la dis/capacidad no es lo que pensamos. El manual que coordinamos busca recoger y continuar este legado.

Bibliografía

Campbell, F. K. (2009). *Contours of ableism: The production of disability and abledness.* Palgrave Macmillan.

García-Santesmases, A. (2023). *El cuerpo en disputa: la conversación pendiente entre feminismo y anticapacitismo.* Kaotica libros.

Goodley, D. (2014). *Dis/ability studies: Theorising disablism and ableism* (1st Edition). Routledge, Taylor & Francis Group.

Oliver, M. (1983). *Social Work with Disabled People.* Macmillan Education UK. https://doi.org/10.1007/978-1-349-86058-6

Paradigmas y modelos sobre la discapacidad: bases para orientar y evaluar la intervención en trabajo social

LAURA MOYA SANTANDER
Universidad de Zaragoza, Zaragoza, España

Guion

1. Introducción: Algunas aclaraciones
2. Paradigma de prescindencia: modelos de eugenesia y marginación
3. Paradigma individual: modelos caritativo/asistencial y biomédico/rehabilitador
4. Paradigma social: modelos social británico, minoritario, relacional, de derechos humanos y de diversidad funcional
5. Paradigma cultural: modelos en tránsito
6. A modo de conclusión: Aplicación de paradigmas y modelos en el trabajo social

Objetivo central

Conocer los paradigmas y modelos sobre la discapacidad, atendiendo al contexto histórico en el que surgen, el significado que toma la discapacidad y los ejes de atención y modos de intervención hacia la misma.

Objetivos del capítulo

- Identificar los aspectos clave de los distintos paradigmas y modelos sobre la discapacidad.
- Reconocer los paradigmas y modelos sobre la discapacidad en el discurso y la intervención social.
- Reflexionar acerca de los paradigmas y modelos sobre la discapacidad que informan la praxis profesional de la trabajadora social.

Conceptos clave: discapacidad, paradigma, modelo, trabajo social.

1. Introducción: algunas aclaraciones

El trabajo social, como disciplina y praxis, debe revisar y actualizar sus paradigmas y modelos teóricos y de intervención para entender y promover las transformaciones sociales que fomenten el bienestar y la justicia social. De acuerdo con Teresa Matus (2003), el núcleo del trabajo social es una intersección entre los sujetos y el fenómeno social que los convoca, de manera que, si la categorización social se realiza en términos estigmatizadores, esos sujetos llevarán esa marca de forma persistente. De ahí, que estudiar las distintas categorizaciones de la discapacidad y sus consecuentes modos de intervención, sea clave para orientar y evaluar la praxis profesional.

Antes de entrar a explicar qué entendemos por paradigmas y por modelos de la (dis)capacidad[1], es necesario delimitar a qué nos referimos con el uso de la categoría discapacidad.

No es hasta la época de la modernidad, en concreto, a mediados del siglo XVIII, cuando aparece el concepto de norma y, ligado a este, el de desviación de la misma. Es entonces, cuando se delimita al cuerpo "normal" y, por ende, a todos aquellos cuerpos que se desvían de este. A partir de ahí, aparecen instituciones especializadas para tratar a estos cuerpos "desviados", y se va configurando así una red de discursos, políticas y prácticas hacia estos cuerpos delimitando de esta manera, tipos y subtipos de discapacidad.

Con esta breve explicación, ponemos de manifiesto que la categoría discapacidad como tal no existe antes de la Modernidad, aunque sí se dan ciertos tratamientos hacia las personas a las que posteriormente se clasificaría como discapacitadas —como mostraremos posteriormente—. Pero, además, esto ilustra cómo, a partir de entonces, una amalgama heterogénea de condiciones físicas, psíquicas y sensoriales se agrupan bajo el paraguas de la categoría discapacidad. Así, al utilizar la palabra discapacidad en este capítulo, no estamos haciendo referencia a un tipo o subtipo concreto de esta, sino a la categoría discapacidad en su conjunto y a los discursos, políticas y prácticas que se articulan sobre la misma.

De acuerdo con Díaz Velázquez (2009), entendemos la noción de "paradigma" como la forma específica de comprender la discapacidad, mientras que los "modelos", insertados dentro de los distintos paradigmas, los concebimos como una representación simplificada en la que se destacan las relaciones más significativas y definitorias del fenómeno. Aunque existen distintas clasificaciones en torno a los paradigmas y modelos de la discapacidad, de manera simplificada y representativa, aquí distinguimos cuatro paradigmas (prescindencia, individual, social y cultural), que reflejan un particular modo de ver la discapacidad, ya sea como algo a eliminar o evitar, un problema personal, una cuestión estructural o una configuración cultural, respectivamente. A su vez, dentro de estos paradigmas, localizamos distintos modelos,

---

1 Los significados de la discapacidad y la capacidad dependen de la particular relación que se establece entre ambas categorías. Entendiendo cómo se constituyen la una con la otra, hacemos uso de los paréntesis para hacer referencia a tal relación. Sin embargo, para facilitar la lectura del texto, en adelante la palabra "discapacidad" aparecerá sin paréntesis.

cuyos esquemas teóricos nos sirven de herramienta para captar la categoría discapacidad: el eje o ejes principales de atención, su significado y causas y sus posibles modos de intervención.

A continuación, se exponen con detalle estos paradigmas y modelos, identificando sus características clave. Para ello, se muestra un breve recorrido histórico acerca del contexto en el que surgió cada paradigma. Posteriormente, se delimita lo que se entiende por discapacidad y sus causas para cada modelo y, por último, se señalan las intervenciones llevadas a cabo bajo los mismos.

Como mostraremos a continuación, los significados de la discapacidad dependen del contexto histórico, social y cultural en los que dichos significados emergen y van evolucionando. No obstante, cabe apuntar aquí que, si bien se identifican ciertos contextos que favorecen el surgimiento de los distintos paradigmas o significados de la discapacidad, los mismos, como veremos a continuación, son transversales a distintas épocas, coexistiendo entrelazados hasta la actualidad y orientando las políticas públicas y el discurso social sobre la discapacidad.

2. Paradigma de prescindencia: modelos de eugenesia y marginación

Como acabamos de describir, antes de la Modernidad, la categoría de discapacidad no existía como tal. Pero, además, las condiciones que luego se englobaron en esta se consideraban inestables, ya que siempre existía la posibilidad de ser curado por "voluntad de Dios". Así, lo que comparten las nociones premodernas de lo que después se denominaría discapacidad, es la consideración de que sus causas tienen un importante componente religioso: son la consecuencia del enojo de los dioses, albergan mensajes diabólicos, son un "castigo divino", son un designio de Dios, etc.

De acuerdo con Garland-Thomson (1995), en las culturas clásicas griega y romana el trato hacia las personas con alguna diferencia corporal y/o mental dependía del tipo de diferencia y, sobre todo, de la causa de la misma. Así, mientras se promulgaba el infanticidio para aquellos cuyas diferencias eran congénitas, se respetaba a aquellos para quienes estas eran producto de una lesión de guerra. Por su parte, en la cultura judeocristiana, el Antiguo Testamento interpretaba estas diferencias como impurezas, las cuales manifestaban la señal de su pecado, por lo que estas personas no podían aproximarse al santuario ni participar del culto, aunque sí observarlo (Stiker, 1999). Más adelante, y a través de las historias de curación del Nuevo Testamento, se consideró que estas personas existían para "revelar el poder de Dios" y, por ello, tuvieron un nuevo rol como objeto de compasión y de caridad, emprendida esta para la salvación del donante, no del receptor (Berger, 2013). Así, en la época medieval, se les asigna la mendicidad como recurso de subsistencia, el cual se complementa con el apoyo de pequeñas organizaciones hospitalarias a nivel local que son mantenidas mediante donaciones (Allué, 2003).

Por tanto, lo que distingue a este paradigma de prescindencia es que lo que posteriormente se denominaría discapacidad se entiende como un rasgo a eliminar (modelo de eugenesia) o evitar (modelo de marginación). Se aplica así sobre estas personas una "política de muerte", ya sea biológica (eugenesia) o social (marginación). Por ello, bajo este paradigma, las intervenciones se dirigen a eliminar a estas personas mediante infanticidio, esterilizaciones forzosas o eugenesia, o a separarlas de la sociedad, mediante espacios segregados y convirtiéndoles en objeto de compasión.

Aunque los ejemplos descritos de estos discursos, políticas y prácticas de prescindencia remiten a la época premoderna, siendo entonces mayoritarios[2], todavía hoy los encontramos en nuestra sociedad. Por ejemplo, el modelo eugenésico se expandió a partir de la categorización de la discapacidad en la Modernidad, haciendo de dichas intervenciones política pública. Dado que, como se explicará en el siguiente apartado, se trató de maximizar la salud de la población y la discapacidad se interpretó como debilitamiento de la misma, algunas intervenciones se dirigieron a la eliminación de las personas con alguna diferencia física, psíquica o sensorial, como sucedió con la AktionT4 durante el nazismo o, en la actualidad, impidiendo que estas personas nazcan (aborto selectivo y esterilización forzada a mujeres con discapacidad) o puedan sobrevivir (pensemos, por ejemplo, en los triajes durante la pandemia por coronavirus). Por su parte, también encontramos que el eje de atención del modelo de marginación sigue vigente en la actualidad, puesto que se excluye a estas personas mediante inaccesibilidad arquitectónica, sensorial o cognitiva y se les continúa ubicando en espacios segregados de la vida en sociedad.

---

2 Como señalan Horn y Frohne (2013), esto se deduce a partir de las investigaciones en relación a los discursos teológicos o filosóficos de la época premoderna, aunque sería necesario prestar más atención a los registros que puedan existir de la vida cotidiana de las personas con diferencias físicas, psíquicas o sensoriales.

Tabla 1. Paradigma de prescindencia

Paradigmas	Prescindencia	
Modelos	**Eugenesia**	**Marginación**
Eje de atención	No hay atención.	Exclusión de la comunidad.
Causa de la discapacidad	Religión: pecado de los padres, mensaje diabólico, enojo de los dioses (premodernidad) Medicina: defecto que debilita la raza humana (Modernidad en adelante). Ambas causas también se mezclan.	Religión: pecado de los padres, castigo divino, designio de dios, etc.
La discapacidad es	Impureza o defecto que se ha de eliminar.	Impureza y objeto de compasión.
Intervención o acción	Infanticidio (diferencias congénitas), esterilización forzada, políticas públicas eugenésicas, etc. Cambia la intervención según la época y el lugar.	Mendicidad como recurso de subsistencia.

Fuente: elaboración propia.

3. Paradigma individual: modelos caritativo/asistencial y biomédico/rehabilitador

Con la llegada de la Edad Moderna, los gobiernos vieron en la mendicidad un problema y quisieron controlarla. Para ello, identificaron a quienes merecían asistencia y a quienes, por el contrario, debían ser perseguidos. Las personas a las que posteriormente se clasificaría como discapacitadas fueron consideradas como "pobres merecedores" y, por tanto, dignos de caridad, pero también, de control y asistencia. Así, es en el siglo XVI cuando la lepra queda prácticamente erradicada en Europa, cuando las instalaciones para leprosos, segregadas de la comunidad, son utilizadas para aislar a las personas que portan estas diferencias. A la vez que se persigue la mendicidad, se comienza con la institucionalización (Berger, 2013). Pero, al contrario que en el modelo anterior, estos centros segregados ya no eran únicamente financiados mediante donaciones caritativas, sino que los Estados se comenzaron a hacer cargo de dichas instituciones, iniciándose así la beneficencia pública y cierta "preocupación" por esta parte de la población.

Es a partir de los siglos XVIII y XIX cuando se produce un contexto (marcado por el Estado nación, capitalismo, ciencia positivista y filosofía liberal) en el que se busca maximizar la salud de la población mediante la administración y distribución de la vida de acuerdo con ciertos estándares de valor y utilidad (Foucault, 1976; 2007). Estos estándares remitían a alcanzar la mayor eficiencia productiva y reproductiva de la población y, dado que lo que se pretendía era administrar la vida, la norma adquirió gran importancia y los Estados necesitaron cuantificar y clasificar a la población. Por ello, nace la estadística, como aritmética política, un uso de los datos para promover una política informada, en este caso, para regular a la población con respecto a lo que se denominó discapacidad.

Así, se promulgó la vigilancia y el control sobre los cuerpos y, por consiguiente, sobre la diferencia con respecto a la norma, imponiendo sobre ellos técnicas que los ajustasen lo más posible a esta. Mientras se negaba el conocimiento que las propias personas clasificadas como discapacitadas tenían sobre sus cuerpos y se les prescribían las pautas que tenían que seguir para ajustarse lo más posible a la normalidad, se responsabilizaba a la persona de su bienestar. De ahí, la consideración, en el modelo biomédico o rehabilitador, de la discapacidad como un problema individual, solo concerniente a la persona que porta tal diferencia. Así, aunque cuando emerge este modelo se siguen ejerciendo prácticas de expulsión, rechazo o privación (modelo de marginación), aparece un nuevo control de la diferencia que se ejerce marcando a cada individuo por su especificidad (diagnósticos de tipos y subtipos de discapacidad) y encauzándolos en procesos de institucionalización para ajustarlos lo más posible a la norma (mediante la rehabilitación).

Por tanto, lo que distingue a este paradigma individual de otros paradigmas, es que entiende la discapacidad como un defecto psico-fisiológico de la persona. Sin embargo, ambos modelos, el caritativo/asistencial y el biomédico/rehabilitador, se distinguen en su modo de intervención. Si para el modelo caritativo/asistencial, las instituciones públicas han de hacerse cargo de la persona, pero entienden que tal condición no tiene "solución", el modelo biomédico o rehabilitador, apuesta por el tratamiento o la rehabilitación hacia la "normalización", proceso que conlleva la medicalización de todos los aspectos de la vida de la persona. Pese a que ambos modelos entienden la discapacidad como un "problema personal", se produce un giro en el discurso, las políticas y las prácticas sobre la discapacidad cuando toma importancia el saber médico-científico y se intenta dar "solución" por la vía de la normalización. Mientras que el modelo caritativo/asistencial se inicia con la Beneficencia Pública que consiste en la reclusión mediante medidas coercitivas, el modelo biomédico/rehabilitador que se inicia a mediados del siglo XVIII pero tiene su expansión tras la I Guerra Mundial, pone en marcha tratamientos a partir de la institucionalización. Aunque la institucionalización ya se inicia con el modelo caritativo/asistencial, se amplía con el modelo biomédico/rehabilitador, predominante hoy todavía, como se demuestra con la construcción de residencias en lugar de apostar por apoyos dentro de la comunidad. Además, la discapacidad como "problema personal" sigue siendo muy recurrente en la actualidad, en un sistema neoliberal que alienta únicamente la responsabilidad individual mediante el esfuerzo y la superación.

Tabla 2. Paradigma individual

Paradigmas	Individual	
Modelos	**Caritativo/Asistencial**	**Médico/biomédico/ rehabilitador/ individual**
Eje de atención	Individuo: caritativo y asistencialista.	Individuo: diagnóstico y medicalización.
Causa de la discapacidad	Problema médico sin solución.	Afección biológica o enfermedad que requiere tratamiento.
La discapacidad es	Objeto de asistencia.	Insuficiencia, deficiencia o falta de normalidad.
Intervención o acción	Institucionalización: Beneficencia pública por el Estado e intervención de organizaciones caritativas, intervención educativa y coercitiva.	Prevención y rehabilitación médica, psicológica y/o educativa. Prioriza rol de los profesionales.

Fuente: elaboración propia.

4. Paradigma social: modelos social británico, minoritario, relacional, de derechos humanos y de diversidad funcional

A finales de los años sesenta y principios de los años setenta del siglo XX, se sucedieron multitud de protestas en distintos países por parte de las personas clasificadas como discapacitadas que luchan contra su reclusión en las instituciones y reivindican participar en la sociedad. Estas personas se rebelan contra la medicalización de todos los aspectos de sus vidas y desafían las relaciones de poder asimétricas entre experto y paciente, establecidas por el modelo anterior.

Entre estas primeras protestas, destacaron aquellas que tienen lugar en la Universidad de Berkeley (California), a finales de los años sesenta y que dan lugar al Movimiento de Vida Independiente (*Independent Living Movement*), el cual se extendería por multitud de países durante las siguientes décadas, con algunas variaciones (García Alonso, 2003), dando lugar en el Estado español al Foro de Vida Independiente y Divertad (FVID). En estas protestas se puso el foco en las barreras actitudinales y de entorno que impedían a las personas clasificadas como discapacitadas participar plenamente en la sociedad, mientras se defendía la independencia, la emancipación, el empoderamiento y la autodeterminación. La autodeterminación es la máxima de este movimiento, y se refiere a la libertad de las personas clasificadas como discapacitadas para elegir como vivir con los apoyos necesarios para desarrollar sus vidas.

Estas protestas tuvieron una especial repercusión en la década de los setenta del siglo XX en Reino Unido, donde estuvieron acompañadas por un cambio de paradigma en la forma de comprender la discapacidad, entrelazando el activismo con el ámbito académico. Este entrelazamiento llevó al surgimiento de los *Disability Studies* (Estudios de la Discapacidad) en el contexto anglosajón, principalmente en países como Reino Unido, Estados Unidos, Canadá o Australia. A grandes rasgos, la discapacidad dejó de considerarse una cuestión individual que tan solo requería tratamiento médico (modelo biomédico/rehabilitador), para comprenderse como una cuestión estructural, cuyas causas son económicas, sociales y políticas. Dado que este cambio de paradigma propició el surgimiento del modelo social y de otros modelos que lo sucedieron. Veamos a continuación sus principales características.

El modelo social británico entiende que la discapacidad no está causada por las limitaciones funcionales (*deficiencias o impedimentos*), sino por el fracaso de la sociedad en suprimir las barreras y las restricciones sociales que discapacitan[3] (Oliver, 1998). Así, la discapacidad se redefine como "el resultado de una relación opresiva entre las personas con impedimentos y el resto de la sociedad", relación que se inicia con el ascenso del capitalismo y sus modos de organización del trabajo y de las relaciones sociales (Finkelstein, 1980). Desde el modelo social se busca confrontar las relaciones económicas y sociales del capitalismo que dan lugar a la discapacidad como relación de opresión, para lo que se defiende la acción política colectiva[4] con el fin de transformar dichas experiencias comunes de opresión y discriminación (Oliver y Barnes, 2012). Por tanto, el modelo social busca confrontar las relaciones económicas y sociales del capitalismo. Desde este modelo, se considera que un enfoque centrado únicamente en derechos no resolverá el problema de la discriminación y la opresión por discapacidad, puesto que, en el mejor de los casos, beneficiará a una minoría muy pequeña de la población discapacitada.

Paralelamente al modelo social, en Estados Unidos surge el modelo minoritario. Este modelo entiende que la discapacidad surge del fracaso de un entorno socialmente estructurado que no se ajusta a las necesidades y aspiraciones de los ciudadanos discapacitados. Sin embargo, estos desajustes del entorno no se deben a la falta de productividad económica (modelo social) ni a una supuesta inferioridad psico-fisiológica (paradigma individual), sino que son producto de la falta de reconocimiento por parte de la sociedad de la dignidad y valía de las personas discapacitadas y de sus derechos civiles como miembros de una comu-

---

3 Es decir, que las personas con impedimentos son discapacitadas por una sociedad injusta e indiferente. De ahí, que desde el modelo social se utilice discapacitada o personas discapacitadas (disabled or disabled people), aludiendo a que es la sociedad quien discapacita y por tanto, es un problema social y no individual. Esta terminología es comúnmente utilizada en el activismo y los estudios de la discapacidad anglosajones para señalar tal construcción

4 Algunos autores como Waldschmidt (2017) o McRuer (2018), señalan que la aplicación de este modelo en políticas públicas se ha reducido a medidas reformistas de accesibilidad y participación, diluyendo así su potencial radical.

nidad política (grupo minoritario) (Hahn, 1985; 1988). Dado que este modelo considera que el entorno que proporciona el contexto para las interacciones humanas está moldeado por la política pública, la cual es reflejo de las actitudes y valores[5] prevalentes en la sociedad, su práctica política se basa en la defensa de derechos civiles y la promulgación de leyes antidiscriminatorias (Zola, 1994).

A su vez, en las décadas de los años sesenta y setenta del siglo XX, en los países nórdicos se comienza a desarrollar el modelo relacional, relativo o de brecha. Su nombre se debe a que, bajo este modelo, la discapacidad se entiende como el desajuste en la interacción entre la persona y el contexto (relacional), siendo por tanto, relativa de acuerdo a las demandas del entorno, lo que hace que se produzca así, una brecha entre el funcionamiento individual y las demandas del entorno social/ambiental. Por ello, la discapacidad se considera situacional, puesto que en lugar de una esencia siempre presente de la persona (modelo biomédico o rehabilitador) o construida meramente por el entorno (modelo social), se presta atención a la interacción entre la persona y el medio. De hecho, este modelo surge para evaluar los servicios de atención a la discapacidad dentro de los sistemas de bienestar de estos países con un enfoque multinivel, que no prioriza un nivel analítico concreto, sino que toma como relevantes todos los niveles que surjan a partir de la interacción entre los individuos y el contexto (Tøssebro, 2004).

Más adelante, a partir de la segunda mitad del siglo XX[6] y concretándose en la aprobación de la Convención Internacional sobre los Derechos de las Personas con Discapacidad (CDPD) (ONU, 2006), se desarrolló el modelo de derechos humanos. Este modelo entiende como inherente a la condición humana las distintas características de las personas, siendo su base, el reconocimiento de la dignidad humana de todas las personas, como sucede con todos los derechos humanos. Bajo este modelo, la discapacidad se entiende como el producto de la interacción entre la persona con impedimento (limitación psico-fisiológica) y las barreras sociales y de entorno, siendo el Estado quien tiene la responsabilidad de abordar los obstáculos creados socialmente para garantizar el pleno respeto de la dignidad y la igualdad de derechos de todas las personas. Más allá de defender los derechos civiles y políticos (igualdad de trato), este modelo promulga los derechos económicos,

---

5 Apunta Hahn (1988), que dos valores dominantes en la cultura son la apariencia personal y la autonomía individual, lo que hace que aquellas personas que no cumplen con los estándares prescritos de atractivo físico e independencia funcional sean considerados como biológicamente inferiores y descritos como "no del todo humanos".

6 A partir de la década de 1970, de manera gradual, los instrumentos de derecho internacional, adoptaron postulados del modelo social dejando atrás vestigios del modelo biomédico que asumía que las personas estaban limitadas únicamente por problemas médicos que requerían servicios e instituciones segregadas como solución. Más adelante, el modelo de derechos humanos, propone un enfoque de justicia social que busca una igualdad transformadora para las personas con discapacidad (Degener, 2016).

sociales y culturales (igualdad de oportunidades) necesarios para garantizar los apoyos adicionales requeridos para que los primeros se cumplan, lo que implica hacer frente a la discriminación mediante medidas activas que eliminen las barreras pero que también proporcionen los apoyos necesarios para las personas con discapacidad. Este modelo queda así reflejado en la CDPD (ONU, 2006), donde se reconoce a las personas con discapacidad como sujetos de derechos y se aborda la intersección de las identidades y la discriminación interseccional (Degener, 2016).

El modelo de diversidad funcional español surge a comienzos del siglo XXI, en la década de los dos mil, dentro del Foro de Vida Independiente y Divertad (FVID)[7]. Este modelo propone una nueva terminología para la discapacidad, diversidad funcional[8], entendiéndola como un funcionamiento menos habitual (de acuerdo con la media estadística) que conlleva discriminación por las condiciones de entorno generadas por la sociedad que no tienen en cuenta esta diversidad o diferencia funcional (Romañach y Lobato, 2007). Así, este modelo abandona el eje de la "capacidad" para centrarse en el eje de la dignidad, entendiéndola como inherente al ser humano y, por tanto, reconociendo el valor inherente de cada persona en lugar de basar su valor en la capacidad funcional de contribuir de manera normativa a la sociedad. Así, bajo este modelo se defiende la dignidad tanto intrínseca (mismo valor para todas las vidas), como extrínseca (mismos derechos para todas las personas) de las personas discriminadas por su diversidad funcional (Palacios y Romañach, 2006). En relación a este último aspecto, desde este modelo se apoya la dignidad extrínseca de todas las personas mediante la defensa de los derechos humanos, pero también, a partir de la bioética. Cabe decir, sin embargo, que la bioética continúa patologizando las condiciones de diversidad funcional por el arraigo del modelo biomédico. Este modelo tiene por objetivo que la comunidad bioética comprenda que las personas discriminadas por su diversidad funcional no son seres humanos que sufren por ser diferentes, sino por ser sistemáticamente discriminados e ignorados en razón de su diferencia y porque sus vidas sean continuamente minusvaloradas.

---

7 Como se ha explicado al inicio de este apartado, el FVID aparece como el activismo de vida independiente en el contexto español. Además de la accesibilidad universal, el FVID defiende la figura del asistente personal (AP), que es una persona que realiza las actividades de la vida diaria según lo necesite la persona con diversidad funcional, proporcionándole a esta plena responsabilidad y control sobre su vida y siendo así un servicio de apoyo para la vida independiente.

8 Este término propone un lugar intermedio entre los conceptos que han tratado de desplazar el foco sólo al individuo o sólo a la sociedad. Así, mientras se muestra que las personas tienen características psicofisiológicas diferentes, tomando en cuenta la diversidad de cada individuo, se alude a la discriminación en la construcción de entorno, en la cual la sociedad no tiene en cuenta dicha diversidad. De ahí, que el término inicialmente propuesto es "personas discriminadas por su diversidad funcional".

Tabla 3.1. Paradigma social

Paradigmas	Social	
Modelos	Social británico	Minoritario estadounidense
Eje de atención	Sociedad: barreras y restricciones sociales que discapacitan (condiciones materiales y de entorno).	Sociedad: barreras y actitudes discriminatorias
Causa de la discapacidad	Opresión a personas discapacitadas: inaccesibilidad, institucionalización, escasos recursos económicos, etc.	Negación de derechos civiles, de acceso igualitario, estigmatización, etc.
La discapacidad es	Construcción social, impuesta socialmente a las personas que portan impedimento (diferencia corporal y/o mental).	Construida socioculturalmente, minoría política.
Intervención o acción	Acción política para confrontar las relaciones opresivas del capitalismo y participación en la comunidad (trabajo, educación, ocio, etc.).	Vida Independiente, derechos civiles, desmedicalización y desinstitucionalización. Grupo minoritario, redefinición cultural.

Fuente: elaboración propia.

Tabla 3.2. Paradigma social

Paradigmas	Social		
Modelos	Relacional nórdico	Derechos Humanos	Diversidad Funcional
Eje de atención	Individuo y sociedad: desajuste en la interacción.	Individuo y sociedad: Interacción del impedimento con las barreras sociales.	Individuo y sociedad: eje en la dignidad.
Causa de la discapacidad	Desajuste en la interacción entre la demanda funcional del medio y las capacidades del individuo.	Discriminación múltiple.	Diversidad humana en un entorno construido para un modo normativo de funcionar, causando discriminación.
La discapacidad es	Relativa, porque es una relación entre la persona y el medio y es situacional, se da en la relación de la persona con el medio. Importancia de la interacción entre individuo y sociedad.	Diversidad humana, valor inherente.	Desterrar los conceptos de capacidad y discapacidad. Diversidad funcional como reconocimiento de los modos diversos de funcionar, de desenvolverse en el entorno y de la discriminación por la sociedad que no reconoce esta diversidad.

Paradigmas	Social		
Modelos	Relacional nórdico	Derechos Humanos	Diversidad Funcional
Intervención o acción	Leyes antidiscriminatorias y necesidades específicas de acomodación. Análisis y evaluación de los servicios del Estado de Bienestar.	Los Estados tienen el deber de promover, proteger y garantizar el disfrute pleno e igualitario de los derechos humanos, Convención Internacional de los Derechos de las Personas con Discapacidad. Enfoque interseccional.	Vida Independiente, asistencia personal y accesibilidad universal. Defensa de derechos humanos y énfasis en la bioética desde la ética de la diversidad.

Fuente: elaboración propia.

5. Paradigma cultural: modelos en tránsito

Aunque el paradigma social supuso una transformación en la comprensión de la discapacidad y en los modos de intervención que surgieron a partir de entonces, a comienzos del siglo XXI, aparecen algunos cuestionamientos hacia este, provocando el surgimiento del paradigma cultural.

La suma de nuevas disciplinas a los Estudios de la Discapacidad, el cuestionamiento de la dicotomía entre impedimento (como parte biológica) y discapacidad (como parte social) o las dudas en torno al impedimento como esencia "natural", complejizaron los debates en relación a la discapacidad, dando paso así al paradigma cultural.

Más allá de prestar atención a las condiciones materiales de las personas clasificadas como discapacitadas, este paradigma analiza y cuestiona cómo se construyen las actitudes sociales hacia la diferencia, poniendo el foco en la normalidad que no suele ser nombrada e investigando de qué formas dicha normalidad constituye lo que se entiende por capacidad y por discapacidad (Waldschmidt 2017). Por tanto, desde este paradigma cultural, se trata de analizar los patrones culturales que causan exclusión al definir lo que se considera "normal" en una cultura determinada. Es esta división entre quienes son considerados "normales" y aquellos que no son considerados así, la que distingue entre quienes parecen tener o no derecho a participar y vivir dentro de la sociedad. De hecho, son estas divisiones que se (re)producen mediante discursos y representaciones sobre la discapacidad, las que enmarcan las interacciones sociales y moldean las políticas públicas, perpetuando formas de discriminación u opresión.

Desde este paradigma no solo se trata de analizar los discursos dominantes sobre la discapacidad y las representaciones y prácticas culturales que los mantienen y (re)producen. Por el contrario, también se presta atención a los desafíos que surgen contra estos discursos y representaciones dominantes. De esta manera, se reconoce la agencia en la experiencia de la discapacidad y esta se toma como un lugar de posible transgresión de esos discursos y representaciones. De hecho, como lo señala Goodley (2011), si bien la producción cultural dominante ubica a las personas clasificadas como discapacitadas como receptores pasivos de la cultura hegemónica, desde este paradigma y sus modelos que actualmente están surgiendo, se pone atención en aquellas respuestas que desestabilizan estos discursos y representaciones dominantes sobre la discapacidad. Una fuente de desafío a los discursos y las representaciones dominantes sobre la discapacidad es el *Disability Art* ("Arte de la Discapacidad"). Este arte emerge al mismo tiempo que las protestas originadas en las décadas de los años sesenta y setenta del pasado siglo y se caracteriza por tomar la experiencia de la discapacidad como recurso para la práctica artística. Aunque con multitud de ejemplos, de manera representativa encontramos en el plano internacional las performances de Lisa Bufano. En "*Ocean for a Wooden Heart*" (ver Imagen 1) se produce un arte que, en lugar de adaptar la pieza a la artista clasificada como discapacitada, toma la experiencia de esta como eje central desde el que se desarrolla la performance, haciendo difusas las líneas de categorización de la discapacidad y la normalidad.

Imagen 1. Performance de Lisa Bufano (debajo) en el Yerba Buena Center for the Arts en San Francisco, California

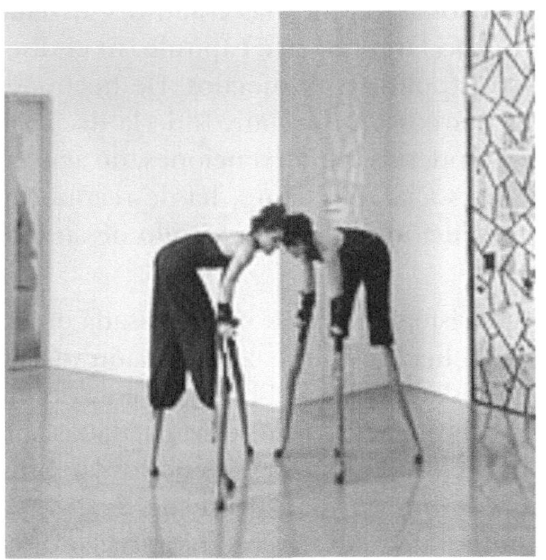

En ella, dos bailarinas jóvenes, que visten un top sin tirantes y unos pantalones negros, están frente a frente. Ambas llevan en sus piernas unas prótesis de madera marrones, parecidas a las patas de una mesa, y sostienen con cada una de sus manos otra prótesis de las mismas características. Sus cabezas se tocan, y ambas bailarinas están inclinadas hacia la otra, formando con sus espaldas lo que podría parecer la superficie de la mesa. Imagen extraída de Wikimedia Commons.

Tabla 4. Paradigma cultural

Paradigmas	Cultural
Modelos	Modelos en tránsito (surgiendo actualmente).
Eje de atención	Cultura: Procesos de (a)normalización.
Causa de la discapacidad	Discursos, representaciones y prácticas de normalización y anormalización en interrelación entre capacidad y discapacidad, no son categorías absolutas.
La discapacidad es	Resistencia cultural a la normalización.
Intervención o acción	Análisis y transformación de las actitudes hacia la diferencia y su incidencia en las interacciones sociales y las políticas públicas. Busca trasgredir los discursos, representaciones y prácticas culturales de (a)normalización.

Fuente: elaboración propia.

6. A modo de conclusión: Aplicación de paradigmas y modelos en el trabajo social

Las políticas públicas, los servicios sociales y sus programas y prestaciones configuran una red de protección social que busca dar respuesta a las demandas e inquietudes de las personas clasificadas como discapacitadas. Sin embargo, y como hemos expuesto a lo largo de este capítulo, ni el diseño de los mismos ni su implementación, son apolíticos ni inocuos. De hecho, dicha red se configura atendiendo a unos marcos interpretativos de la discapacidad (paradigmas), desplegando variadas respuestas o intervenciones, de acuerdo con los diferentes modelos. La trabajadora social, por tanto, ha de reconocer estas formas de interpretación y de intervención para el desarrollo de su práctica profesional de forma crítica y efectiva.

Aún a día de hoy, persiste una acción social basada en el asistencialismo propio de la beneficencia. El hecho de que la protección social no esté por completo basada en la universalidad arrastra el binomio contributivo versus asistencial, en el que las personas clasificadas como discapacitadas son atendidas por este último sector, y siguen siendo entendidas como los "pobres merecedores", ubicadas en una posición de inferioridad y tutelaje. A su vez, este asistencialismo se mezcla con una continuidad del modelo biomédico o rehabilitador en la acción social. Bajo este modelo, la trabajadora social ejerce como la experta que discierne entre la norma y la patología social, llegando a un diagnóstico social mientras ignora el conocimiento del "paciente" (usuario en este caso), al que convierte en receptor del tratamiento que lo devuelva a la norma. Así, bajo estos modelos (caritativo/asistencial y biomédico/rehabilitador), no es de extrañar la tendencia a recomendar y prescribir los recursos institucionalizados (como las residencias), cuando existen otras alternativas que se han de conocer y fomentar desde el trabajo social.

De ahí, la importancia de la trabajadora social en la implementación de las políticas sociales, como figura que canaliza las demandas de las personas clasificadas como discapacitadas y acompaña en el proceso a una mejora en la calidad de vida. Es más, el simple reconocimiento de los derechos no implica que estos se hagan efectivos, por lo que, la trabajadora social se convierte en palanca para que esto suceda. Es por ello que, para el desarrollo de la intervención social, se hace imprescindible conocer el cambio de paradigma que supuso el modelo social y los modelos que lo siguieron, reconociendo el protagonismo de las demandas colectivas de las personas clasificadas como discapacitadas y facilitando los apoyos necesarios para la vida dentro de la comunidad. Por ello, no podemos ignorar que también existe, aunque se ha de potenciar mucho más, una praxis del trabajo social que acoge, escucha y acompaña, posibilitando la autodeterminación de las personas clasificadas como discapacitadas al informar de las posibles alternativas que pueden o no escoger para la mejora de su bienestar. Esta praxis, así, les reconoce como agentes, lejos de las nociones de pacientes o receptores propias del paradigma individual.

No obstante, la intervención de la trabajadora social va más allá de facilitar las condiciones materiales que posibiliten la autodeterminación y la mejora de la calidad de vida. La intervención que ha de interrogar e interrogarse acerca de las formas en las que se define la discapacidad, y qué consecuencias tienen estas definiciones en la praxis profesional, repensando la relación que se establece con las personas a las que se atiende desde el trabajo social. Y es que, la trabajadora social, durante el proceso de acompañamiento, contribuye a la construcción de los sujetos, tanto por la posibilidad de enunciación como por las distintas respuestas que se despliegan. Por ello, también debe hacerse consciente de los procesos de categorización que informan su modo de intervención.

Como hemos expuesto en este capítulo, el significado de la discapacidad se disputa en el proceso de implementación de las políticas públicas, en el que la trabajadora social tiene un papel clave. Por ello, la intervención social no puede entenderse como una mera forma de operacionalizar políticas, sino como un proceso que permite hacer efectivos los derechos reconocidos por dicha política, pero que, además, ha de buscar potenciales transformaciones. El recorrido trazado identifica los paradigmas y modelos en los que se basan los distintos modos de intervención social, y nos debe recordar que la praxis profesional se ha de basar en los principios éticos del trabajo social: autodeterminación de las personas a la hora de tomar sus propias decisiones durante el proceso, bienestar colectivo e individual y compromiso con la justicia social.

Lecturas recomendadas

Brogna, P. (Comp.) (2009). Visiones y revisiones de la discapacidad. Fondo de cultura Económica.

Danel, P. M. (2020). Trabajo social y discapacidad: intervenciones, trayectorias y temporalidades. Fundación La Hendija.

Actividades de repaso

1. Lee a continuación estos cinco textos. ¿Con qué paradigma y modelo sobre discapacidad los relacionarías? ¿Por qué? Para ayudarte, puedes señalar las palabras que consideres que los relacionan con algún paradigma y/o modelo.

Texto 1.

"Si alguien deja nacer a alguien enfermo, pudiéndolo haber evitado, ese alguien deberá someterse a la posibilidad, no solo de que el enfermo lo denuncie por su crimen, sino de que sea la propia sociedad, que habrá de sufragar el coste de los tratamientos, la que lo haga. Este tipo de gente averiada alza la voz histérica cada vez que se plantea la posibilidad de diseñar hijos más inteligentes, más sanos y mejores. Por el contrario ellos tratan impunemente de imponernos su particular diseño eugenésico: hijos tontos, enfermos y peores." Arcadi Espada, 2013.

Texto 2.

"La "Discapacidad" se entiende como "Incapacidad física o mental causada por una enfermedad o accidente, o por una lesión congénita", emparentándola con "Minusvalía", que se define como "Detrimento o disminución de valor que sufre una cosa" Diccionario María Moliner.

Texto 3.

"Hoy en pleno siglo XXI la accesibilidad universal constituye el criterio que ha de guiar el diseño de las políticas, tanto en el ámbito público como en el privado, aplicando un criterio de transversalidad, diseñando no solo planes específicos para las personas con discapacidad sino incorporando a las personas con discapacidad en todos los ámbitos de la realidad social...En esta línea, consideramos prioritaria la elaboración de un nuevo Plan Integral de Atención a las Personas con Discapacidad que potencie al máximo la autonomía personal y el desarrollo de itinerarios de vida independiente... La inclusión social y la promoción de la vida independiente, tal y como se recogen en la Estrategia Europa 2020". Mariluz Sanz Escudero, 2015.

Texto 4.

"La visión paternalista que queremos romper surge porque se sigue pensando que las personas con diversidad funcional somos personas enfermas"...Tenemos corporalidades o maneras de interpretar el mundo distintas, pero como no existe una verdadera educación inclusiva, no sabemos convivir con las diferencias"...... Romper con los prejuicios y la victimización. "El mundo me mira y dice 'pobre Sole', pero lo traumático no es que no pueda comer por mí misma, es que no haya nadie que me dé de comer donde, como y lo que yo quiera". Soledad Arnau, 2016.

Texto 5.

"Entiendo las prótesis como extensiones artificiales que intentan suplir una parte o sentido del cuerpo que falla según la lógica neoliberal y capacitista, que establece normas de producción de los cuerpos prácticamente inamovibles, dictando qué cuerpos son válidos, eficaces y funcionales, frente a los que no lo son. Las prótesis son instrumentos que nos adaptan a nuestro contexto social, pero que también nos constriñen: nos moldean para encajar dentro de un sistema de regulación corporal y funcional que no cuestiona los privilegios dominantes." (Helena Vinent (2022).

2. A continuación, aparecen algunas preguntas de una encuesta realizada en 1986 por el OPCS (Office of Population Census & Surveys) y otras propuestas por Michael Oliver (sociólogo

británico) y que responden a enfoques desde el modelo biomédico/rehabilitador o desde el modelo social, ¿Podrías identificar desde que modelo se plantean estas preguntas? ¿Cómo las preguntarías desde el enfoque del otro modelo (del biomédico al social y viceversa)?

1. ¿Qué defectos en el diseño de elementos de la vida diaria, tales como jarras, botellas y latas, le generan alguna dificultad para sostener, asir o desenroscarlas?
2. ¿Ha ido Ud. a una escuela especial debido a un problema de salud crónico o discapacidad?
3. ¿Qué problemas en su vivienda lo llevaron a mudarse aquí?
4. Su problema de salud/ discapacidad ¿le dificulta viajar en autobús?

3. Las dos asociaciones que aparecen a continuación tienen programas de atención a la discapacidad. Teniendo en cuenta los programas y servicios que aquí se señalan, ¿con qué paradigmas crees que trabajan desde cada una de estas asociaciones? Identifica los servicios y explica por qué los situarías dentro de un modelo, otro o varios simultáneamente.

Asociación "La esperanza de Pulpí"

El objetivo es mejorar la calidad de vida de las personas que atendemos procurando su desarrollo integral con los apoyos que precisen, para que lleven una vida lo más autónoma y normalizada posible. Los servicios son los siguientes: Centro de atención Temprana, Servicio de Foniatría, Rehabilitación integral y atención especializada, Centro ocupacional, Unidad para gravemente afectados, Centro Especial de Empleo, Residencia de adultos, etc.

(Extraído de: http://www.laesperanzadepulpi.com/nuestros-servicios/)

Asociación "Plena Inclusión Aragón".

Programa de autogestores: Personas con discapacidad intelectual o del desarrollo que quieren organizar su vida ellas mismas y quieren conocer sus derechos y quieren que se les escuche.

Red para educación inclusiva: Las líneas de trabajo son: a) Estudios de transformación de centros de educación especial en centros de recursos, como apoyo para los centros ordinarios; b) Continuar en la transformación a través de diseño universal de aprendizaje; c) Además, se realiza una colaboración con agentes educativos y una labor de incidencia política, así como un acompañamiento de las familias.

(Extraído de http://plenainclusionaragon.com/www2/que_hacemos/para-las-persona)s

Resumen

La intervención social con personas con discapacidad puede orientarse a través de distintos paradigmas. Por ello, conocerlos, es clave para reflexionar sobre la praxis del trabajo social, diseñar la intervención y analizar el impacto de la misma en la realidad social de las personas con discapacidad.

Este capítulo explora, de manera teórica, los cuatro principales paradigmas de la discapacidad (prescindencia, individual, social y cultural), que reflejan un particular modo de entender la discapacidad, ya sea como algo a eliminar o evitar, un problema personal, una cuestión estructural o una configuración cultural. A su vez, dentro de estos paradigmas, localizamos distintos modelos, cuyos esquemas teóricos nos sirven de herramienta para comprender qué se entiende por discapacidad, el eje o ejes de atención, así como sus posibles modos de intervención y análisis. A modo de conclusión, reflexionamos sobre la aplicación de estos paradigmas y modelos en la disciplina y la praxis del trabajo social, y proponemos una serie de actividades que puedan reforzar el reconocimiento y la comprensión de estos paradigmas y modelos, a partir de discursos sociales, políticas públicas o intervenciones implementadas desde el trabajo social.

Glosario

Asistencialismo: Conjunto de acciones sociales llevadas a cabo por las Administraciones Públicas o por entidades no gubernamentales para auxiliar a las personas en la cobertura de sus necesidades más básicas a cambio del tutelaje y control de estas.

Categorización: Acción y efecto de clasificar, en este caso, a una persona o personas, enmarcándola o enmarcándolas en un grupo.

Discapacitación: proceso económico, social, político y cultural, que excluye a las personas clasificadas como discapacitadas, restringiendo su participación en la corriente principal de la vida en sociedad.

Discriminación interseccional: conjugación de dos o más factores en relación a la discapacidad, el género, la edad, la sexualidad, la clase, la nacionalidad, la etnia, la religión, la cultura, etc. que se superponen y dan lugar a un trato desigual.

Esterilización forzada: acción de hacer infecundo a quien previamente no lo era, accediendo la persona a dicho acto bajo coacción y en contra de su voluntad (recogido en ACCIUMRed).

Esterilización forzosa: acción de hacer infecundo a quien previamente no lo era sin su consentimiento o conocimiento, siendo un acto amparado por la ley (recogido en ACCIUMRed).

Estigma: marca social que en las personas clasificadas como discapacitadas se asocia con patología, anormalidad, tragedia y/o abyección y que se manifiesta, entre otras, en la interacción social.

Infanticidio: acción de dar muerte a un niño/a/e.

Minusvaloración: acción de subestimar, de dar menos valor de lo debido.

Triaje: clasificación de los pacientes para establecer el orden en el que han de ser atendidos.

Transgresión: acción de quebrantar o contravenir un mandato u orden dominante.

Bibliografía

Allué, M. (2003). *Discapacitados: La reivindicación de la igualdad en la diferencia,* Bellaterra.

Berger, R. J. (2013). *Introducing Disability Studies.* Lynne Rienner Publishers.

Degener, T. (2016). Disability in Human Rights Context. *Laws,* 5 (3): 35.

Díaz Velázquez, E. (2009). Reflexiones epistemológicas para una sociología de la discapacidad. Intersticios. *Revista sociológica de pensamiento crítico,* Vol. 3(2), pp. 85-100.

Finkelstein, V. (1980). *Attitudes and Disabled People: Issues for Discussion.* World Rehabilitation Fund.

Foucault, M. (1976). *Historia de la sexualidad I. La voluntad de saber.* Siglo Veintiuno.

Foucault, M. (2007). *Los anormales.* Fondo de Cultura Económica.

García Alonso, J. V. (Coord.). (2003). *El Movimiento de Vida Independiente. Experiencias internacionales.* Fundación Luis Vives.

Garland-Thomson, R. (1995). *The eye of the beholder Deformity & Disability in the Graeco-Roman world.* Duckworth.

Goodley, D. (2014). *Dis/ability studies: Theorising disablism and ableism.* Routledge.

Hahn, H. (1985). Towards a politics of disability: definitions, disciplines and policies, *Social Science* Journal, 22(4), pp. 87-105.

Hahn, H. (1988). The Politics of Physical Differences: Disability and Discrimination, *Journal of Social Issues,* 44 (1) 39-47.

Horn, P. y Brohne, B. (2013). On the fluidity of "disability" in the Medieval and Early Modern societies. Oportunities and strategies in a new field of research. En: Barsch, S., Klein, A. y Verstraete, P. (eds.). *The Imperfect Historian. Disability Histories in Europe,* pp. 17-40, Peter Lang GmbH.

Matus, T. (2003). La intervención social como gramática. *Revista de trabajo social*, num. 71, pp. 55-71.

McRuer, R. (2018). *Crip times: Disability, globalization and resistance.* NYU Press.

Oliver, M. (1998). Una sociología de la discapacidad o una sociología discapacitada. En: Barton, L. (coord.). *Discapacidad y sociedad*, pp. 34-58, Ediciones Morata.

Oliver, M. y Barnes, C. (2012). *The new politics of disablement.* Palgrave Macmillan.

Organización de Naciones Unidas (ONU) (2006). Convención Internacional de Derechos de las Personas con Discapacidad.

Palacios, A. y Romañach, J. (2006). *El modelo de la diversidad: La Bioética y los derechos humanos como herramientas para alcanzar la plena dignidad en la diversidad funcional.* Diversitas.

Romañach, J. y Lobato, M. (2007). Diversidad funcional. Nuevo término para la lucha por la dignidad de la diversidad del ser humano. En: Álvarez Pousa, L. y otros (coord.). *Comunicación y discapacidades. Actas del Foro Internacional.* Observatorio Gallego de Medios, pp. 321-330, Colegio Profesional de Periodistas de Galicia.

Stiker, E. J. (1999). A history of Disability. The University of Michigan Press.

Tøssebro, J. (2004) Understanding disability. *Scandinavian Journal of Disability Research* 6: 37.

Waldschmidt, A. (2017). Disability Goes Cultural: The Cultural Model of Disability as an analytical tool. En: Waldschmidt, A., Berressem, H. y Ingwersen, M. (eds.). *Culture - Theory - Disability Encounters between Disability Studies and Cultural Studies*, pp. 19-28, The Deutsche Nationalbibliothek.

Zola, I. K. (1994). Towards inclusion: the role of people with disabilities in policy and research issues in the United States a historical and political analysis. En: Rioux, M. y Bach, M. (eds). *Disability is Not Measles*, pp. 49-66. Roeher Institute).

Solucionario

Actividad 1.

Texto 1. Paradigma de prescindencia, modelo eugenésico.

Texto 2. Paradigma individual, modelo biomédico/rehabilitador.

Texto 3. Paradigma social, modelo social y modelo de derechos humanos.

Texto 4. Paradigma social, modelo de la diversidad funcional.

Texto 5. Paradigma cultural.

Actividad 2.

A. Modelo social, desde el modelo biomédico podría preguntarse: ¿Su problema de salud /discapacidad le genera dificultades para sostener, asir o desenroscar jarras, botellas o latas?

B. Modelo biomédico. Desde el modelo social podría preguntarse: ¿Qué barreras ha encontrado usted para asistir a un centro educativo ordinario?

C. Modelo social. Desde el modelo biomédico podría preguntarse: ¿Su problema de salud/discapacidad le impide subir escaleras, abrir puertas o escuchar el timbre?

D. Modelo biomédico. Desde el modelo social podría preguntarse: ¿Qué barreras encuentra en el transporte público?

Actividad 3.

Asociación "La Esperanza de Pulpí": Trabajan desde un paradigma individual, ya que centran la intervención en los aspectos a rehabilitar de la persona, para lograr su normalización. Atendiendo a los servicios, encontramos recursos institucionalizados y fuera de la comunidad, que son referencia en modelos caritativos/asistenciales y biomédicos/rehabilitadores de la discapacidad.

Asociación Plena Inclusión: De acuerdo con los programas aquí señalados, trabajan con un paradigma social de la discapacidad, ya que buscan la plena participación de las personas con discapacidad intelectual y del desarrollo dentro de la sociedad, en concreto, en el ámbito educativo con la Red para la inclusión educativa, y apostando por la autodeterminación de estas personas, mediante el Programa de autogestores. Atendiendo a estos programas, por tanto, no es posible señalar un solo modelo que los defina, ya que la plena participación en la sociedad y la autodeterminación son aspectos clave de todos los modelos desarrollados en base a un paradigma social de la discapacidad.

Apuntes para una historia de la discapacidad en España

SALVADOR CAYUELA SÁNCHEZ
Facultad de Filosofía, Universidad de Murcia

Guion

1. Introducción
2. De la beneficencia al asistencialismo: la discapacidad en los albores de la Edad Moderna
3. El nuevo gobierno de la discapacidad: del liberalismo clásico al Estado interventor español
4. La discapacidad en el primer franquismo
5. El nacimiento del movimiento asociativo: el tardofranquismo
6. Nuevos tiempos, nuevas significaciones, nuevas estrategias: la discapacidad en la transición democrática
7. La discapacidad en la España de hoy
8. Algunas conclusiones

Objetivo central

El objetivo principal de este capítulo es exponer una breve historia de la discapacidad en España desde los inicios de la Edad Moderna hasta la actualidad. Conocer esta historia es imprescindible para comprender tanto la evolución de los espacios sociales, culturales, económicos y políticos ocupados por las personas con discapacidad en nuestro país, como las nuevas identidades, reivindicaciones y posibilidades de existencia de este colectivo.

Objetivos del capítulo

- Exponer y comprender las distintas etapas en el desarrollo de la discapacidad en España, atendiendo a las múltiples variaciones histórico-globales, desde los inicios de la modernidad hasta nuestros días.
- Conectar los procesos de cambio sociocultural, político y económico con el desarrollo de las concepciones de la discapacidad.
- Aportar argumentos históricos que, de una parte, eviten presentismos en la interpretación de la discapacidad en momentos históricos pretéritos y, de otra, que sirvan para apuntalar científicamente tanto las concepciones y reivindicaciones actuales del colectivo, como sus nuevas posibilidades de existencia.

Conceptos clave: discapacidad, gobierno, resistencias, identidades, Historia.

1. Introducción

Para comprender la posición y reivindicaciones de las personas con discapacidad en la sociedad contemporánea, los discursos sociales, médicos o de todo tipo sobre estos sujetos, así como las estrategias de gobierno y de atención a la discapacidad, es necesario abordar una historia de las discapacidades que nos permita comprender tanto su evolución como sus posibilidades futuras. El mismo concepto de "personas con discapacidad", aunque lo utilizaremos aquí para cualquier momento histórico, sería inapropiado para referirnos a este colectivo más allá del último cuarto del siglo XX, pues antes de eso esas mismas personas serían "inválidos", "tullidos", "lisiados", "impedidos" o "subnormales".

No obstante, en el ámbito de los conocidos como Estudios de la Discapacidad son muy pocos los trabajos que han abordado la historia de las discapacidades desde un punto de vista global. Es manifiestamente más fácil encontrar trabajos dedicados al estudio o el análisis desde un punto de vista historiográfico de las discapacidades intelectuales o, muy particularmente, de la "locura", tema sobre el cual se han escrito numerosas monografías y trabajos académicos (Foucault, 1998). Mucho más difícil nos resultaría encontrar trabajos sobre la discapacidad física dedicados a momentos históricos anteriores al siglo XIX, casi imposible si buscamos un texto que abarque la evolución de la discapacidad en un país durante varios siglos.

En las siguientes páginas nos proponemos, precisamente, afrontar someramente la historia de la discapacidad en España desde comienzos de la Edad Moderna hasta nuestros días. Esta breve historia partirá en los albores de la modernidad, allá por el siglo XVII, donde nace el Estado moderno. Con él, aparece una nueva forma de gobierno de los individuos y las poblaciones, por un lado, así como un modo de producción de las deficiencias biológicas como nuevo objeto de pensamiento, por otro (Hughes, 2020). Desde ahí pasaremos al siglo XIX, conectando la discapacidad con los nuevos modelos de gobierno propios del liberalismo clásico y el posterior Estado interventor de finales de siglo y primer cuarto del siglo XX. Abordaremos después el fenómeno de la discapacidad en la etapa franquista, distinguiendo para este periodo histórico entre un primer franquismo y un tardofranquismo, momentos claramente diferenciados, y donde podemos advertir las dinámicas que se desarrollarán en la inmediata transición democrática. Finalmente, este breve recorrido histórico concluirá con algunas apreciaciones sobre la discapacidad en el contexto actual.

2. De la beneficencia al asistencialismo: la discapacidad en los albores de la Edad Moderna

Con el inicio de la modernidad, entre los siglos XVI y XVII, asistimos, de una parte, a la configuración de los Estados europeos modernos y, de otra, al incipiente desarrollo del sistema económico mercantilista, que sentará las bases del capitalismo. Ambas configuraciones encierran muchos de los elementos socioeconómicos, gubernamentales, culturales e ideológicos que impregnarán nuestro mundo contemporáneo. En el ámbito de la discapacidad, el despliegue de los discursos y las estrategias modernas iba a suponer que los *tullidos, locos* y ciegos, junto con los enfermos crónicos o los vagabundos —en fin, los *marginados* de la sociedad— iban a perder aquella "similitud con Dios" con la que la Edad Media los había bendecido. Ya no eran "oportunidades" para la caridad y la buena voluntad cristiana, ni reflejo del aquel hijo de Dios que se había hecho carpintero y que caminaba entre pobres, marginados y prostitutas. Bien al contrario, los nuevos discursos iban a orientarse hacia la necesidad de reducir la población "inútil" e "improductiva" del reino, que ahora debía ser recluida en establecimientos con directrices disciplinarias y especializados.

Con sus idiosincrasias y dinámicas propias, también en España la desacralización de la pobreza se desarrolló en paralelo al nacimiento de una nueva ética del trabajo que ahora santificaba la *labor* (Cayuela, 2023, pp. 86-102). La expresión social e institucional de este cambio de mentalidad iba a conducir a la promulgación de una serie de reglamentos y leyes, así como a la construcción de una miríada de hospitales generales y albergues, cuyo principal cometido era regular, controlar y, en su caso, asistir a mendigos, huérfanos, prostitutas y, por supuesto, a personas con discapacidad. Fue entonces cuando se desarrolló toda una literatura sobre la distinción entre "pobres fingidos" y "auténticos", cuestión que se había convertido en central para el gobierno. Los pobres y personas con discapacidad no registrados serían considerados delincuentes, y susceptibles por tanto de ser sometidos a las leyes de vagabundos, mientras que los "reconocidos" podían practicar la mendicidad autorizada e incluso conseguir un trabajo adecuado a sus capacidades. Así, si bien la Iglesia de la Contrarreforma seguiría ostentando en España el "monopolio de la pobreza" hasta bien entrado el siglo XIX, es indiscutible que la condición moralmente maliciosa y los estigmas sobre el pobre fingido y el vagabundo eclipsarían progresivamente la visión del pobre y el desvalido como símbolo de Cristo.

Con la llegada de los Borbones a comienzos del siglo XVIII, la potencia del reino iba a convertirse en una auténtica obsesión para los gobernantes, que veían en la mendicidad una lacra execrable, entendiendo el trabajo y el servicio a la patria como la mejor forma de eliminarla. Un contexto en el que sólo los "inválidos y enfermos" podrían ser mantenidos en los establecimientos adecuados, siendo los vagabundos útiles destinados a regimientos, y los pobres inservibles obligados "a trabajar en manufacturas" (Vázquez, 2009, p. 75). Es en ese contexto donde la población es entendida como la mayor riqueza del reino, y donde se aprobaron los primeros reglamentos relativamente eficaces para reducir las consecuencias incapacitantes derivadas del trabajo, o la insalubridad generada por determinadas industrias urbanas o en zonas portuarias.

3. El nuevo gobierno de la discapacidad: del liberalismo clásico al Estado interventor

Aunque la llegada del liberalismo y del primer capitalismo a la España del siglo XIX se produjo de un modo cuando menos pausado, la concepción liberal del ciudadano como sujeto de derechos —aun negando la participación de las masas en los procesos políticos— caló a lo largo del siglo en los discursos y prácticas del gobierno de los desposeídos y, en nuestro caso, de las personas con discapacidad. Fueron estas nuevas convicciones y estrategias las que, por ejemplo, vehicularon las críticas y planes de reforma de las viejas "instituciones de encierro" heredadas del Antiguo Régimen, tales como orfanatos, hospicios para pobres, hospitales, casas de corrección para vagabundos o "libertinos", etc. Considerados lugares de abandono y reclusión, con pésimas condiciones higiénicas y vistas con desconfianza y temor por la población, esas instituciones debían orientarse ahora a colectivos poblacionales concretos, guiadas por directrices y técnicas especializadas (Vázquez, 2009, p. 186).

Inspiradas en la reestructuración del aparato asistencial impulsado ya desde las Cortes de Cádiz de 1812, estas nuevas instituciones suponían el progresivo traslado —no sin resistencias y notables insuficiencias— de la beneficencia y la atención de los desamparados, enfermos, "tullidos" y "alienados", desde la Iglesia a los médicos y especialistas estatales. En este nuevo contexto, las personas con discapacidad debieron ocuparse aún en tareas que les fuera posible ejecutar. Mientras que, por otro lado, aquellos "totalmente incapaces" debían ser asistidos por familiares, redes vecinales, hospicios y hospitales eclesiásticos. Y es que, aunque las décadas centrales del siglo XIX suponen la extensión progresiva por todo el territorio nacional de nuevas estrategias de normalización y control social, España seguía siendo un país eminentemente rural, con una red de asistencia institucionalizada que apenas arrancaba.

Con todo, desde el último cuarto del siglo XIX y principios del XX se ensancharon las definiciones e imágenes de las conductas y los cuerpos "desviados", disminuyendo progresivamente los espacios de tolerancia, a medida que las nuevas concepciones de la sociedad capitalista sobre el "individuo útil" cobraban si cabe mayor presencia. Se comprendió entonces que la disciplinarización y normalización de los individuos eran insuficientes para solventar los desajustes provocados por el mercado autorregulado del liberalismo clásico, un sistema económico que arrojaba a porcentajes elevadísimos de la población a la miseria y la depauperación (Vázquez García, 2009, pp. 201-221). La higiene y la estadística fueron llamadas a ocupar un lugar central en el gobierno de los cuerpos individuales y las poblaciones, guiadas ahora bajo los principios de la llamada "biopolítica interventora" (Cayuela Sánchez, 2008). En este nuevo contexto, la medicina social perseguía atajar las causas de la indigencia y la miseria atendiendo a las relaciones entre patología y condición social, convencidos sus expertos —médicos, ingenieros, abogados— de que los riesgos de la sociedad derivaban principalmente de las paupérrimas condiciones de vida y trabajo ocasionadas por el libre mercado y la economía industrial. Fue en conexión con este concepto de *riesgo* donde emergió la noción de *previsión*, y donde los *seguros* fueron entendidos como la estrategia privilegiada ante las circunstancias aleatorias del entorno.

Todos estos elementos, junto con el desarrollo de la *higiene* y la extensión en España de los *discursos eugenésicos* —encaminados supuestamente a la mejora de la especie humana y a evitar su degeneración—, son fundamentales para comprender la emergencia de la nueva atención social, médica, económica y política que, especialmente desde principios del siglo XX, se iba a prestar a la discapacidad. Fue entonces cuando se crearon estrategias e instituciones de atención específicamente orientadas a los individuos "incapaces de trabajar", con problemas sensoriales o a aquellos que presentaban deficiencias graves. Se promulgaron leyes como las de Accidentes del Trabajo de 1900 y 1922 —destinadas a la mejora de las condiciones laborales de los obreros, pero también orientada a la protección de "incapacitados" por accidentes del trabajo—, y se crearon instituciones como el *Instituto Nacional de Previsión* en 1908 —también orientado fundamentalmente a la promoción de la seguridad e higiene laborales—, o el *Instituto de Reeducación Profesional de Inválidos del Trabajo* en 1922 —creado para la reeducación profesional de los "inválidos del trabajo", aunque pronto quedaría abierto a todo "español incapacitado para trabajar" (Martínez-Pérez, 2006)—. Asimismo, en 1910 se creó el *Patronato Nacional de Sordomudos, Ciegos y Anormales*, cuyo principal propósito era tutelar y proteger a las personas con discapacidad sensorial e intelectual, un verdadero hito tanto en el proceso de institucionalización en la asistencia a los por entonces llamados "niños anormales", como en el desarrollo de la educación especial durante las décadas iniciales del siglo XX (Del Cura, 2012).

Todas estas instituciones, estrategias y discursos, certifican así la extensión y consolidación en España del llamado *modelo médico de la discapacidad* (Martínez-Pérez y Porras Gallo, 2006). Esto es, un cambio profundo tanto en la percepción social de las personas portadoras de deficiencias físicas, sensoriales o intelectuales, como en las estrategias de atención de la discapacidad, marcado por los nuevos discursos médicos y el desarrollo de nuevas técnicas y estrategias de "normalización". Las deficiencias y dificultades del individuo son ahora el centro de atención, y deben ser sometidas a las estrategias e intervenciones rehabilitadoras "necesarias" propuestas por los profesionales de la medicina. El objetivo último es así adaptar o normalizar a las personas con discapacidad, entendida esta como una "patología individual", un problema personal causado por una enfermedad, una alteración de la salud o un traumatismo, pero que en cualquier caso puede y debe ser corregido mediante la asistencia profesional médica y rehabilitadora aplicada de forma individual y disciplinaria.

4. La discapacidad en el primer franquismo

Aunque la llegada de la II República española en 1931 pudo suponer un avance en la atención a la discapacidad en nuestro país, lo convulso del periodo y el fulminante estallido de la Guerra Civil en 1936 agotó en muchos casos las potencialidades abiertas en el periodo anterior. La década de los años cuarenta amanecía así con un gobierno autárquico e intervencionista incapaz de asegurar un mínimo vital para la población, situación que se agravaría con el transcurrir de la Segunda Guerra Mundial y el bloqueo internacional al que las potencias aliadas someterían a España hasta principios de la década posterior (Cayuela Sánchez, 2014).

Con todo, debemos destacar aquí el nacimiento en plena Guerra Civil, de una de las grandes corporaciones dedicadas a la atención de las personas con discapacidad en nuestro país, inicialmente dedicada a las personas ciegas: la Organización Nacional de Ciegos Españoles (ONCE) (Garvía Soto, 1997). Creada en 1938, la ONCE unificaba todas las asociaciones de ciegos existentes hasta el momento —el libre asociacionismo estaba entonces absolutamente prohibido—, y contó desde sus inicios con el imponderable privilegio de la venta de un cupón de lotería oficial. Esta prerrogativa exclusiva le permitió ofrecer no sólo un puesto de trabajo a sus integrantes, sino que además le aseguró una fuente de ingresos importantísima que le permitiría desarrollar una intensa labor educativa y de protección social de las personas con discapacidad visual. Ya en los años cuarenta, la nueva organización abrió sus primeros colegios para "invidentes", fomentando la inclusión laboral del colectivo con la creación de fábricas de dulces o incluso talleres industriales. La inclusión laboral de sus asociados, en este sentido, y al margen de la venta de cupones, fue uno de los principales objetivos de la organización. Aunque aquellas fábricas fueron cerradas ya en la década de los cincuenta, se impulsó desde los primeros sesenta la creación de centros de formación profesional y talleres ocupacionales de una eficacia y extensión considerable.

También en 1938 nacería otra de las grandes agrupaciones de personas con discapacidad del momento: el Cuerpo de Caballeros Mutilados por la Patria (Writght, 2016). El objetivo de esta organización estatal era la "colocación" de los mutilados de guerra del llamado "bando nacional", y en puestos tanto públicos como privados. Repartidos en cuatro categorías —"absolutos", "permanentes", "potenciales" y "útiles"—, estos "caballeros mutilados" recibieron un trato especialmente favorable por parte del régimen, no solo con relación a puestos de trabajo, sino también a sueldos y pensiones.

A estas dos grandes asociaciones paraestatales, de largo recorrido, especialmente la ONCE, se iba a unir una tercera de especial importancia y trascendencia para las personas con discapacidad en España: la Asociación Nacional de Inválidos Civiles (ANIC) (Cayuela, 2023, pp. 113-116), cuyo fin era mitigar la carencia de iniciativas laborales, educativas y de inserción de las personas con discapacidad. Su creación en 1958 por el Ministerio de Gobernación eliminó la posibilidad de formación de nuevas asociaciones de "inválidos civiles y del trabajo", quedando fusionadas las existentes a la nueva organización paraestatal.

A la ANIC podían asociarse por tanto todas aquellas personas que presentasen algún tipo de deficiencia física de cualquier origen: desde accidentes de trabajo o tráfico, malformaciones genéticas o derivadas de enfermedades, o incluso los mutilados de guerra del bando republicano. Sus objetivos principales eran informar a las autoridades de la situación de las personas con discapacidad física, plantear posibles soluciones a los problemas, así como coordinar los esfuerzos de las distintas instituciones y organismos tanto estatales como privados involucrados tanto en el cuidado como en la atención a la discapacidad. También en estas líneas, la asociación coordinó estudios sobre los problemas laborales, sociales o científicos de las personas con discapacidad, e impulsó actuaciones de los centros de rehabilitación y formación del colectivo.

Aunque el éxito de la ANIC en la "colocación" de sus asociados fue muy limitado, consiguió reservar para sus miembros ciertos nichos laborales tales como la explotación del servicio de guardacoches, o la venta de entradas en espectáculos o de billetes fraccionados de lotería. Ya en la década de los sesenta, la organización creó varios centros de formación profesional con una financiación muy limitada, reducida a las cuotas de los afiliados, donaciones privadas y pequeñas asignaciones del Estado.

5. El nacimiento del movimiento asociativo: el tardofranquismo

Las décadas de los cuarenta y cincuenta del pasado siglo pueden considerarse de "impase" en determinados aspectos, aunque entidades creadas por aquellos años como la ONCE o ANIC iban a marcar sensiblemente los discursos y las estrategias de la discapacidad en el tardofranquismo, periodo comprendido entre 1959 —la aprobación del Plan de Estabilización Económica— y 1975 —año de la muerte del dictador Francisco Franco—. Estas estrategias y discursos sobre la discapacidad no eran independientes ni del contexto nacional en el que se desarrollaron, ni de las dinámicas internacionales con las que siempre estuvieron en mayor o menor medida conectadas.

En este sentido, y como había sucedido en épocas anteriores, el régimen franquista asumiría una concepción de la discapacidad vehiculada en relación con el trabajo, donde la pérdida o disminución de la capacidad productiva del individuo era el criterio esencial de clasificación y categorización, vector principal en la concepción del "problema de la discapacidad". Normalizar y disciplinar los cuerpos y las mentes de los individuos con discapacidad física, sensorial o mental, con el fin de reincorporarlos a la actividad laboral era, por tanto, el objetivo a perseguir.

Este objetivo principal se vio además agudizado en el marco del naciente desarrollismo económico, en el que también las personas con discapacidad estaban llamadas a jugar un papel, amoldando sus cuerpos, sus actitudes y sus aptitudes a las exigencias del nuevo mercado laboral (Cayuela Sánchez y Martínez-Pérez, 2018). Se elaboraron entonces informes como el conocido Programa Nacional de Rehabilitación de Niños Físicamente Disminuidos, publicado en 1957 y coordinado por la Organización Mundial de la Salud y la ONU. También en esa línea se crearía ese mismo año el Patronato de Rehabilitación y Recuperación de Inválidos —heredero del anterior Patronato Nacional de Lucha contra la Invalidez, aprobado en 1949, aunque de escasísima trayectoria real—. Y la propia ONCE desarrolló sus centros y talleres ocupacionales, como la Escuela de Fisioterapia (1964), la Escuela de Telefonía (1966), y el Centro de Rehabilitación y Formación Profesional (1966).

Como señalaba para España el primer informe técnico de la OMS, fechado en 1958, la coordinación de programas de rehabilitación social era absolutamente perentoria en nuestro país, destinados precisamente a la adaptación y reinserción laboral de las personas con discapacidad (Ballester, 2012). Informe donde, por supuesto, se hacía amplia referencia a las posibilidades abiertas por las nuevas técnicas terapéuticas y rehabilitadoras, lo que de facto otorgaba un papel predominante a los profesionales de la medicina en el gobierno de la discapacidad, y especialmente en los procesos de rehabilitación. Fueron de hecho las duras críticas de los expertos de la OMS las que espolearon la especialidad médica de rehabilitación en nuestro país, escandalizados por la mísera situación de los hospitales españoles y la escasez de profesionales y programas coordinados.

Ese fue el contexto en el que pudo cristalizar la Ley de Bases de la Seguridad Social en 1963, y la posterior Ley General de la Seguridad Social de 1966, un nuevo marco legislativo donde se introdujeron importantes cambios en la atención a la discapacidad. Esta propició un aumento y mejora considerable en la atención a las personas con discapacidad, ampliando el número de centros por todo el país capaces de proporcionar asistencia rehabilitadora, al tiempo que obligaba a la creación de programas de rehabilitación específicos.

Todas estas estrategias se seguían enmarcando dentro del llamado modelo médico —individual o rehabilitador— de la discapacidad, donde la medicina continuaba ocupando un lugar privilegiado en la producción y difusión de discursos sobre la discapacidad, imponiendo prácticas y tecnologías de gobierno sobre las personas con discapacidad, y generando al tiempo formas específicas de subjetividad. De hecho, las personas consideradas "inválidas" —o "subnormales", como se llamaba entonces a cualquier individuo asimilado con el colectivo de personas con discapacidad—, quedaban en una posición realmente comprometida: o bien aceptaban las posibilidades de intervención quirúrgica y médica propuestas, o se exponían a ser contempladas como personas que preferían disfrutar de una pensión eludiendo así su obligación de trabajar —pudiendo incluso ser excluidas de las potenciales ayudas derivadas de sus circunstancias—.

En aquellos años del tardofranquismo se produjeron importantes cambios en los discursos y estrategias de atención a la discapacidad. En el ámbito educativo, por ejemplo, se fueron concretando planes de actuación sostenidos por informes y estadísticas generadas por el Patronato de Infancia Anormal —creado en 1953, y llamado ya en 1956 Patronato Nacional de Educación Especial—, cristalizados en el llamado Plan Nacional de Educación Especial. Todo ello permitió la inclusión en la famosa Ley General de Educación de 1970 de varios apartados dedicados a la educación de niños con discapacidad física o intelectual. Destaca particularmente la creación de dos modalidades educativas para niños con discapacidad, distinguiendo a estos alumnos entre "leves" y "profundos", de tal modo que los primeros podrían ir a colegios ordinarios, mientras que los segundos debían ser desplazados a centros especiales, "cuando la profundidad de las anomalías que padezcan lo hagan absolutamente necesario".

Fue también en ese contexto donde asistimos a la creación de la primera asociación de padres de niños con discapacidad, que nacería con el nombre de Asociación Pro Niños Anormales (ASPRONA), primero en Valencia en 1959, y a la que se unirían poco después otras veinte agrupaciones repartidas en distintas provincias (Del Cura y Martínez-Pérez, 2016). Desde esa plataforma se organizaron en 1964 las Primeras Jornadas Técnicas de estudio sobre el problema de los "Niños Subnormales", desde donde se promovió la creación de la Federación Española de Asociaciones Protectoras de Subnormales (FEAPS). Creadas con notables suspicacias y resistencias por parte del régimen, los objetivos de estos grupos eran precisos: concienciar al Estado y la sociedad del problema de la discapacidad; analizar las dificultades del colectivo y sus familias; interpelar al Estado y sus instituciones para adoptar las medidas necesarias; impulsar la creación de centros asistenciales, formativos, residencias-hogares, etc.; y, finalmente, impulsar la formación de personal especializado.

No obstante, es preciso señalar aquí la creación, ya a finales de los años cincuenta, de otras asociaciones auspiciadas por la Iglesia católica, pero que sin duda jugaron un papel importantísimo especialmente en el colectivo de personas con discapacidad física (Cayuela, 2023, pp. 323-324). Es el caso de la Fraternidad Católica de Enfermos (FRATER) —llamada desde 1979 Fraternidad Cristiana de Enfermos y Minusválidos—, establecida en España en 1957; y Auxilia, nacida en Barcelona ya en 1952, pero que pronto se extendería por todo el territorio nacional. En el caso de Auxilia, su cometido principal fue el apoyo escolar domiciliario u hospitalario para los alumnos con dificultades para asistir al colegio, mientras que FRATER supuso para muchas personas con discapacidad física un capital instrumento de socialización. Así, sus acciones estuvieron orientadas a la organización de charlas, grupos de autoayuda y actividades comunitarias, acciones que para muchos de sus asociados supusieron un apoyo inestimable para distender el aislamiento social que aún sufrían fuertemente las personas con discapacidad en aquella España del tardofranquismo. De hecho, muchas de las personas más activas en FRATER pasarían desde finales de la dictadura a engrosar las filas de las nuevas asociaciones y puestos institucionales del mundo de la discapacidad, lo que sin duda nos obliga a señalar su importancia en ese incipiente movimiento asociativo clave para la consecución de derechos y oportunidades del naciente colectivo de personas con discapacidad.

6. Nuevos tiempos, nuevas significaciones, nuevas estrategias: la discapacidad en la transición democrática

Aunque la ANIC fue clave en la creación de estrategias y centros de importancia capital para las personas con discapacidad tales como el Instituto Guttmann de Barcelona —creado en 1965—, el Hospital Nacional de Parapléjicos de Toledo —inaugurado en 1974—, o varios centros educativos para niños con distintas discapacidades (Cayuela y Del Cura, 2022), sus funciones, centros y actividades fueron progresivamente asumidos por otros organismos e instituciones desde finales ya de la década de los sesenta. Así, en el nuevo marco de la Seguridad Social, se creó en 1968 el Servicio Social de Asistencia a Menores Subnormales, desde el cual se orquestó una acción protectora fundamental con la concesión de una ayuda de 1.500 pesetas mensuales para familias con menores con discapacidad, al tiempo que se crearían centros encargados de actividades educativas o de instrucción. En 1970 se fundó el Servicio Social de Recuperación y Rehabilitación de Inválidos, servicio que se fusionó en 1974 con el Servicio Social de Asistencia a Menores Subnormales, dando lugar al definitivo Servicio Social de

Recuperación y Rehabilitación de Minusválidos Físicos y Psíquicos, más conocido por su acrónimo SEREM (Casado Pérez, 2003). El SEREM fue, sin lugar a duda, un hito fundamental en España en materia de atención a la discapacidad, pues suponía la creación de una única agencia estatal con relación a los asuntos de discapacidad. Este servicio quedaría finalmente incluido, en 1978, en el Instituto Nacional de Servicios Sociales (INSERSO), así como el Servicio Social de Asistencia a Pensionistas.

Junto con esa ayuda económica a las familias con niños con discapacidad que acabamos de señalar —clave no sólo por cuestiones económicas, sino porque permitió "detectar" a un importante número de menores y jóvenes todavía escondidos y al margen de la sociedad—, el SEREM extendió en nuestro país una concepción sobre la atención integral de las personas con discapacidad realmente innovadora por aquel entonces. En esta línea, promovió programas y planes de actuación que marcarían la senda a seguir en las décadas posteriores, tales como los Programas Individuales de Recuperación para Minusválidos Físicos (PIRI), y los Programas de Orientación Individual para Minusválidos Psíquicos (POI). Con estos programas, el SEREM pretendía ofrecer una atención individualizada cuyo principal objetivo era potenciar al máximo tanto la recuperación como la integración social y laboral de las personas con discapacidad en nuestro país (Cayuela, 2023, p. 298).

Es preciso enmarcar todas estas iniciativas en dinámicas de profundo calado a nivel nacional, conectadas tanto con el proceso general de transición democrática, como con la adquisición de nuevos derechos para un colectivo ya decididamente constituido. En este sentido, tanto los padres de niños con discapacidad como los afectados por algún tipo de discapacidad redoblaron desde las postrimerías del régimen sus esfuerzos, reclamando mayor reconocimiento social, mejores oportunidades laborales y, claro está, sus derechos de participación política. Desde las asociaciones vecinales, los distintos partidos políticos o desde sus agrupaciones, lograron así alzar sus demandas al debate social y político, presentando un manifiesto en junio de 1977 que sería abrazado por la gran mayoría de los partidos políticos, sindicados y movimientos y asociaciones civiles (Del Cura y Martínez-Pérez, 2016). En este manifiesto, se reclamaba esencialmente la mejora de la situación del aproximadamente medio millón de personas con discapacidad en nuestro país, enumerando una serie de medidas entre las que podríamos destacar: el derecho a la sanidad y la asistencia social; la creación de una red de servicios comunitarios de asistencia y tratamiento; el reconocimiento de la vida afectiva y sexual plena para las personas con discapacidad; o la defensa legal frente a las irregularidades o negligencias médicas; etc. En esta línea, en el texto constitucional aprobado en 1978 se incluyó una referencia explícita a los derechos de las personas con discapacidad, concretamente en el Capítulo 3, Artículo 49: "Los poderes públicos realizarán una política de previsión, tratamiento, rehabilitación e integración de los disminuidos físicos, sensoriales y psíquicos, a los que prestarán la atención especializada que requieran y los ampararán especialmente para el disfrute de los derechos que este título otorga a todos los ciudadanos". Este artículo, de hecho, ha sido modificado en 2024 de modo que ha sido eliminado el término "disminuidos" y sustituido por el de "personas con discapacidad", incorporando importantes matices como la referencia a la existencia de los mismos derechos para el colectivo "en condiciones de libertad e igualdad reales y efectivas".

Aunque la crisis económica de 1979 dificultaría, junto con otros factores, el desarrollo pleno de este artículo —podríamos decir hasta hoy—, a su amparo se promulgó ya en 1982 una ley fundamental para el colectivo de personas con discapacidad en nuestro país: la Ley de Integración Social de los Minusválidos (LISMI). En consonancia con el Programa de Acción Mundial para Personas con Discapacidad aprobado por Naciones Unidas ese mismo año, la LISMI ocupa un lugar central en el camino hacia la equiparación de oportunidades de las personas con discapacidad en España, un modelo surgido de las evidentes insuficiencias del modelo médico o rehabilitador anterior, y que incorpora decididamente elementos clave en la lucha por la igualdad del colectivo. Así, y como líneas principales, la ley apuntaba hacia la creación de medidas y estrategias encaminadas a garantizar tanto los derechos de estas personas como los apoyos complementarios, las ayudas técnicas o los servicios especializados requeridos para ello. A su amparo se creó todo un sistema de prestaciones sociales y económicas para las personas con discapacidad que no pudieran desarrollar una actividad laboral, o se impulsó una red de Centros Especiales de Empleo (CEE) que reservaba el 2% de los puestos de trabajos a personas con discapacidad en las empresas con 50 o más trabajadores.

7. La discapacidad en la España de hoy

Desde mediados de los años ochenta del siglo pasado hasta la actualidad, el colectivo de personas con discapacidad ha visto avanzar sensiblemente tanto sus derechos de atención y cuidados sociosanitarios, como sus posibilidades de participación cívica y laboral, su presencia en la vida pública, o sus posibilidades de vida independiente y afectiva. Aunque por supuesto son muchas las dificultades y desigualdades que amenazan a un colectivo de por sí tremendamente heterogéneo, los discursos y estrategias de atención a la discapacidad se han visto también en España amoldadas a las directrices y conclusiones del llamado modelo social de la discapacidad (Oliver, 2013). Si bien en los últimos años se han defendido otros modelos interpretativos —pensemos por ejemplo en el modelo de la diversidad funcional (Palacios y Romañach, 2006)—, lo cierto es que atender a esta "dimensión social" de la discapacidad —donde la aspiración a la autonomía personal es central— es imprescindible para comprender el desarrollo de los discursos, estrategias, políticas y demandas tanto del naciente colectivo, como de los distintos actores involucrados en el gobierno de la discapacidad. Así, por ejemplo, si atendemos al desarrollo del corpus legislativo, mientras que la LISMI (de 1982) seguía orientando sus acciones a atender a las personas con discapacidad de manera individual —y no tanto a establecer condiciones generales encaminadas a eliminar los obstáculos que impidieran su participación plena en la sociedad o el disfrute de sus derechos—, no fue hasta la aprobación en 2003 de la Ley conocida como LIONDAU (de Igualdad de Oportunidades, No Discriminación y Accesibilidad Universal de las personas con discapacidad), que el paradigma de la rehabilitación fue —al menos en principio— plenamente superado (Toboso-Martín, 2013). La nueva ley asumía una perspectiva social donde la autonomía personal era el objetivo prioritario, perseguido mediante la actuación directa sobre todas aquellas dificultades y obstáculos del entorno social que impiden la inclusión plena de las personas con discapacidad. Y lo mismo podemos observar en otros desarrollos legislativos como la Ley de Promoción de la Autonomía Personal y Atención a las personas en situación de dependencia de 2006 —la famosa Ley de Dependencia—, el Real Decreto 1/2023, que sustituía a la LIONDAU y la LISMI —constituyendo en Texto Refundido la Ley General de derechos de las personas con discapacidad y de su inclusión social—, la ratificación por España de la Convención sobre los Derechos de las Personas con Discapacidad —aprobado por la ONU en 2006— o, por supuesto, la reclamada Ley de Vida Independiente en España (conocida como LEVI), todavía por consensuar.

Al margen de este marco legislativo, también hemos asistido en las últimas décadas al avance del conocido como Movimiento de Vida Independiente, así como a la articulación de diversos colectivos e iniciativas encaminadas, no sólo a la búsqueda de la autonomía física, sino a la toma de decisiones en primera persona (García Alonso, 2003). Al margen de las organizaciones asociativas constituidas en décadas anteriores —como la propia ONCE, COCEMFE (Confederación Española de Personas con Discapacidad) o el CERMI (Comité Español de Representantes de Personas con Discapacidad)—, desde los primeros años del siglo XXI se han impulsado iniciativas y debates orientados a denunciar las innumerables barreras sociales "discapacitantes" —no sólo físicas, sino también simbólicas, laborales, etc.— a las que se enfrenta el colectivo de personas con discapacidad a diario, o simplemente a defender el derecho de estas personas a una vida independiente. Estos son los grandes objetivos del Foro de Vida Independiente (FVID) y otras entidades. Y no sólo en el ámbito de las discapacidades físicas —desde donde partieron principalmente estas iniciativas a comienzos de los años 2000—, sino también de la discapacidad intelectual —como son las viviendas con apoyo o la integración laboral—, o en el caso de los Trastornos del

Espectro Autista (TEA) —donde se han producido importantes avances en los últimos años—.

8. Algunas conclusiones

Este breve recorrido por la historia de la discapacidad en España nos sirve para comprender, tanto las distintas estrategias y actuaciones institucionales en torno a la discapacidad que se han sucedido en nuestro país desde la Época Moderna hasta hoy, como las propias concepciones e imágenes de la discapacidad con las que se ha identificado e interpretado al colectivo en los distintos periodos históricos. La discapacidad, en sus diferentes significaciones e imaginarios, emerge en cada momento histórico conectada con multitud de factores —culturales, económicos, sociales, políticos, simbólicos, etc.— que determinan, no sólo las estrategias de gobierno de las personas con discapacidad, sino la propia identidad subjetiva del colectivo y de los individuos que lo componen. Asumiendo lo esquemático de este breve recorrido, así como la complejidad de una cuestión tan amplia y poliédrica, creemos que se trata de un marco imprescindible desde el que acercarnos al fenómeno de la discapacidad en España.

Lectura recomendada:

Salvador Cayuela Sánchez (2023). *La invención de la discapacidad. El gobierno de los cuerpos torcidos en España.* CSIC.

Esta obra pretende analizar y entender los procesos que hicieron posible la apertura de nuevos espacios de existencia para las personas con discapacidad en la España del tardofranquismo y la transición democrática.

Actividades de repaso:

1. Lee los textos recogidos a continuación y responde a estas preguntas: ¿en qué momento histórico ubicarías cada uno de ellos? ¿En qué modelo o paradigma de la discapacidad los situarías? ¿En el de la "prescindencia", entendida la discapacidad como un castigo o maldición, en el "médico-rehabilitador" o en el modelo "social"? ¿Cómo crees que estos textos nos interpelan hoy? Razona tus respuestas.

Texto 1

"El trabajador accidentado o enfermo que se niegue a someterse a rehabilitación, así como el que no cumpla las prescripciones médicas, podrá ser suspendido en la prescripción económica que viniere disfrutando en concepto de indemnización por incapacidad temporal o permanente, o sancionado con la disminución de ésta, por Resolución de la Dirección General de Previsión, a propuesta de las entidades aseguradoras, del Fondo compensador del Seguro de Accidentes de Trabajo y Enfermedades profesionales o del patrono que hubiese sido autorizado para asumir directamente el riesgo de incapacidad laboral" (Decreto 792/1961, BOE de 30 de mayo de 1961).

Texto 2

"La gente con poliomielitis... Yo he oído a mis espaldas: «¿Qué habrán hecho sus padres para que les haya nacido esto?». Además, no era ni "esta", era «esto», algo, no era una persona. Yo me imagino que hay gente que se hundió mucho más, a mí me dio todo por sacar la rabia. Me parecía injusto, empecé a contestar mal, a ser respondona, plantar cara. Luego me ganaba las broncas en mi casa, pero me daba igual. Seguía protestando. Porque me parecía totalmente injusto. Esto incluso me pasó en el colegio de las monjas. Vino el obispo auxiliar de Barcelona, y cuando vio a la niña con polio se le ocurrió acariciarme la cara y decir: «¿Cuánto te debe querer nuestro Señor?». Aquello se me clavó, me lo quedé mirando y le dije: «Pues que me quiera menos, así podré ir a jugar». Cuando se marchó el obispo auxiliar las monjas me pegaron un broncazo. Años más tarde me lo volví a encontrar y el tío me miraba y me miraba. Y al final vino y me dijo: «Tú y yo nos conocemos, ¿verdad?». Y yo le dije: «Sí, yo fui la que le dijo esto». El buen señor me dijo: «Si supieras la cantidad de veces que me he acordado. No lo he vuelto a decir nunca más porque tenías toda la razón». De algo sirvió todas las broncas" (Fragmento de entrevista realizada a una persona nacida en Barcelona en 1953, afectada de poliomielitis a los pocos meses de nacer).

Texto 3

"El déficit social que padecen los minusválidos es tan grave, la barrera de incomprensión a que se hallan enfrentados tan infranqueable, que sólo un ordenamiento positivo especializado podrá compensar el primero y romper la segunda, tomando el problema por asalto en su conjunto y despertando la conciencia de todos con normas de solidaridad moral de obligado cumplimiento" (Ramón Trías Fargas, Congreso de los Diputados, diario de Sesiones, 21 de febrero de 1980).

2. Desde lo expuesto en el capítulo que acabas de leer, responde las siguientes preguntas:
   - A. ¿Qué etapas destacarías en el desarrollo de la discapacidad en nuestro país?
   - B. ¿Cómo crees que han influido los factores sociales, económicos y políticos en el gobierno de la discapacidad en la España del siglo XX?
   - C. ¿Qué elementos destacarías en el ámbito de la discapacidad en la España del siglo XXI?

Resumen

La historia de la discapacidad en España es un trabajo complejo en el que se ha de atender a multitud de factores —políticos, sociales, económicos, culturales, etc.— que influyen en el estudio de un fenómeno ya de por sí amplio y poliédrico. Es por ello que dicho estudio se vertebra aquí atendiendo a grandes cortes temporales que se corresponden con varios modelos de Estado y de gobierno que se han sucedido en nuestro país desde los inicios de la modernidad hasta nuestros días. Así, y tras una introducción donde se exponen brevemente los retos de una historia de la discapacidad, se afronta un primer capítulo histórico destinado a exponer las circunstancias en las que debieron vivir, y las estrategias de gobierno a las que fueron sometidas, las personas con algún tipo de discapacidad en el paso de la beneficencia al asistencialismo en la España de la Edad Moderna, entre los siglos XVII y XVIII. A continuación, se exponen las distintas conceptualizaciones y las estrategias de gobierno de la discapacidad en el marco comprendido desde principios del siglo XIX hasta el inicio de la Guerra Civil española en 1936. Los siguientes dos capítulos están destinados a la historia de la discapacidad en la España franquista, distinguiendo las estrategias de gobierno y concepciones de la discapacidad en el primer franquismo, de aquellas desarrolladas entre 1959 —año de aprobación del Plan de Estabilización económica— y 1975 —con la muerte del dictador y el inicio de la transición democrática—. Finalmente, en los dos últimos apartados se analizan las nuevas significaciones, estrategias y avances en el ámbito de la discapacidad en la España de los años ochenta y hasta nuestros días.

Glosario

Gobierno: forma de conducción de conductas dentro de un marco histórico concreto.

Asistencialismo: obligación o actitud de los gobiernos en la asistencia de colectivos vulnerables que, con el fin de resolver problemas sociales, se limita a satisfacer necesidades básicas sin afrontar soluciones estructurales.

Estado interventor o social: forma estatal desarrollada en Europa desde finales del siglo XIX hasta la Segunda Guerra Mundial, cuyo principal objetivo es la intervención en los distintos órdenes de la vida humana con el fin de corregir los desajustes generados por la economía de libre mercado, y mejorar la salud de los individuos y las poblaciones, y con ello la potencia económico-militar del cuerpo nacional.

Biopolítica: conjunto de mecanismos de conducción de conductas y fenómenos naturales relacionados con el ser humano en tanto que organismo y especie viviente, sujeto como tal a toda una serie de procesos biológicos de alcance colectivo —índices de natalidad, de higiene, de mortalidad, de morbilidad, de duración de la vida, etc.— y de circunstancias vitales que inciden en la ordenación de tales procesos —en el lugar de trabajo, en la ciudad, en las distintas instituciones de encierro, etc.—.

Primer franquismo: periodo comprendido entre 1939, final de la Guerra Civil española, y 1956-59, final de la economía autárquica y preparación e inicio del periodo aperturista posterior.

Tardofranquismo o franquismo desarrollista: periodo comprendido entre el inicio del Pan de Estabilización económica de 1959 y la muerte del dictador Francisco Franco en 1975.

Transición democrática: periodo comprendido entre 1975 y 1982 —o 1986—, en el que se deja atrás el régimen dictatorial franquista y se consolida el proceso de restauración democrática.

Bibliografía

Ballester, R. (2012). Los organismos sanitarios internacionales y la rehabilitación de los niños con discapacidades físicas (1948-1975). *Revista de Estudios do Seculo XX, 12*, 89-101.

Casado Pérez, D. (2003). Servicios Sociales de la Seguridad Social: aspectos institucionales. *Cuadernos de Trabajo Social, 11*, 19-34.

Cayuela Sánchez, S. (2008). ¿Biopolítica o tanatopolítica? Una defensa de la discontinuidad histórica. *Daimon. Revista Internacional de Filosofía, 43*, 33-49.

Cayuela Sánchez, S. (2014). *Por la grandeza de la patria. La biopolítica en la España de Franco (1939-1975)*. Fondo de Cultura Económica.

Cayuela Sánchez, S. (2023). *La invención de la discapacidad. El gobierno de los cuerpos torcidos en España (1959-1986)*. Editorial del CSIC.

Cayuela Sánchez, S. y Del Cura, M. (2022). Los niños quebrados del franquismo. La vivencia de la discapacidad en un colegio de educación especial de la ANIC. *Historia y memoria de la educación, 15*, 229-258.

Cayuela Sánchez, S. y Martínez-Pérez, J. (2018). El dispositivo de la discapacidad en la España del tardofranquismo (1959-1975): una propuesta de análisis. *Asclepio. Revista de Historia de la Medicina y de la Ciencia, 70*(2), 232-244.

Del Cura, M. (2012). Un Patronato para los "anormales": primeros pasos en la protección pública a los niños con discapacidad intelectual en España (1910-1936). *Asclepio. Revista de Historia de la Medicina y de la Ciencia, 64*(2), 541-564.

Del Cura, M. y Martínez-Pérez, J. (2016). From resignation to non-conformism: Association movement, family and intellectual disability in Franco's Spain (1957-1975), *Asclepio. Revista de Historia de la Medicina y de la Ciencia, 68*(2), 149-161.

Foucault, M. (1998). *Historia de la locura en la época clásica. 2 vol.* Fondo de Cultura Económica.

García Alonso, J. V. (Coord.). (2003). *El Movimiento de Vida Independiente. Experiencias internacionales.* Fundación Luis Vives.

Garvía Soto, R. (1997). *En el país de los ciegos. La ONCE desde una perspectiva sociológica.* Hacer.

Hughes, B. (2020). *A historical sociology of disability: Human validity and invalidity from antiquity to early modernity.* Routledge.

Martínez-Pérez, J. (2006). El obrero recuperado: medicina del trabajo, ortopedia y tecnología médica en la imagen social de las personas con discapacidades (1922-1936). *História, Ciências, Saúde-Manguinhos, 13*(2), 349-373.

Martínez-Pérez, J. y Porras Gallo, M. I. (2006). Hacia una nueva percepción social de las personas con discapacidad: Legislación, medicina y los inválidos del trabajo en España (1900-1936). *Dynamis. Acta Hisp. Medi. Sci. Illus, 26*, 195-219.

Oliver, M. (2013). The social model of disability: thirty years on. *Disability and Society, 28*(7), 1024-1026.

Palacios, A., & Romañach, J. (2006). *El modelo de la diversidad: La bioética y los derechos humanos como herramientas para alcanzar la plena dignidad en la diversidad funcional.* Diversitas-AIES.

Toboso-Martín, M. (2013). De los discursos actuales sobre la discapacidad en España. *Política y sociedad, 50*(2), 681-706.

Vázquez García, F. (2009). *La invención del racismo. Nacimiento de la biopolítica en España, 1600-1940.* Akal.

Wright, S. (2016). Los mutilados de Franco: el Benemérito Cuerpo y la política social en la España franquista. *RUHM, 5*(9), 75-92.

Solucionario

Ejercicio 1

Texto 1: El texto se enmarca plenamente en el modelo médico o rehabilitador de la discapacidad, tomando la rehabilitación del trabajador accidentado como una obligación del individuo. El objetivo prioritario de la estrategia que propone es así netamente "capacitista", orientado a la "recuperación física" del trabajador para la producción. Además, se infiere de la norma que la negativa del trabajador a someterse a los medios prescritos por los agentes médicos involucrados puede derivar en la disminución o pérdida de la pensión, sin atender a la autonomía del individuo, borrando cualquier atisbo de concepción social de la discapacidad.

Texto 2: El texto representa claramente una concepción de la discapacidad como castigo o maldición, enmarcado por tanto en el modelo de la prescindencia. Ello se evidencia tanto en las referencias a los comentarios de sus "vecinas", como en las palabras que el obispo le dedicó en su niñez: "¿Cuánto te debe querer nuestro Señor?".

Texto 3: Este texto podría situarse en el tránsito entre el modelo médico de la discapacidad y el modelo social, por los años en los que fue pronunciado. No obstante, las referencias al "déficit social" que padecían las personas con discapacidad —"minusválidos" entonces—, y la apelación a la superación de las "barreras de incomprensión" y la llamada a un "ordenamiento positivo especializado", parece apuntar ya a un tránsito al modelo social, y ello a pesar del vocabulario del momento.

Ejercicio 2.

A. Las etapas que destacaría en el desarrollo de la discapacidad en España serían: entre finales del siglo XIX e inicios del siglo XX, cuando parece que comienza a darse en el país una atención especial a la discapacidad; en el periodo del tardofranquismo o franquismo desarrollista, donde las personas con discapacidad comienzan a vislumbrar posibilidades de mejora y nuevas oportunidades vitales; conectado con el momento anterior, los años ochenta y noventa del siglo XX, cuando las iniciativas anteriores se completan con otras que apuntan a la introducción en España de un progresivo modelo social de la discapacidad; y, finalmente, el primer cuarto del siglo XXI, cuando se amplía una legislación en materia de discapacidad que acompaña en sus desarrollos, aún no completos, las reivindicaciones del colectivo.

B. El ámbito de la discapacidad no es independiente de los factores sociales, económicos y políticos que se dan en un momento histórico determinado. Es por ello que el gobierno de la discapacidad en España ha estado directamente influido por las circunstancias y discursos internacionales, los periodos de bonanza o crisis económicas, las presiones internas, etc. Ejemplo de ello es la ampliación de la atención a la discapacidad derivada del proceso de apertura del régimen franquista desde 1959, o ya en democracia tras la entrada de España en las Comunidades Europeas en 1986.

C. En primer lugar, el desarrollo de un corpus legislativo plenamente inserto en el modelo social de la discapacidad, ejemplificado en la Ley conocida como LIONDAU (de Igualdad de Oportunidades, No Discriminación y Accesibilidad Universal de las personas con discapacidad) de 2003. En segundo lugar, la extensión en España del conocido como Movimiento de Vida Independiente, así como de otros colectivos e iniciativas encaminadas a la búsqueda de la autonomía física y a la toma de decisiones en primera persona. Y finalmente, y esto menos positivo, la escasa presencia relativa de personas con discapacidad en innumerables espacios sociales, así como la persistencia de un extenso catálogo de barreras arquitectónicas, sociales, simbólicas y de todo tipo que impiden, aún con notables mejorías, la plena inclusión del colectivo.

Puntos de encuentro de las apuestas ético-políticas del trabajo social con los estudios sociales de la discapacidad

PAULA MARA DANEL
CONICET. IETSyS.
Facultad de Trabajo Social
UNLP, Argentina

Guion

1. Introducción
2. Urdimbre y trama del trabajo social
    2.1. El concepto de urdimbre
    2.2. El concepto de trama
3. Debates críticos en los estudios sociales de la discapacidad
4. Cartografiando intersecciones de los debates
5. Conclusiones

Objetivo central

Plantear los debates del Trabajo Social contemporáneo en diálogo con las producciones de los estudios sociales de la discapacidad.

Objetivos del capítulo

- Recuperar los debates de las perspectivas críticas en discapacidad en relación con la intervención social.
- Identificar los puntos de anclaje del debate del Trabajo Social contemporáneo en el campo de la discapacidad.
- Delinear los puntos de encuentro de las apuestas ético-políticas del Trabajo Social con los estudios sociales de la discapacidad.

Conceptos clave: Discapacidad, trabajo social, perspectivas criticas

1. Introducción

En el presente capítulo se desplegarán reflexiones en torno a algunas relaciones entre los debates del trabajo social contemporáneo y los estudios sociales de la discapacidad. En ese recorrido se identifican ejes estructurantes del debate del trabajo social: intervención social, perspectiva de derechos y nociones en torno a los sujetos. En trabajos anteriores los identificamos como urdimbre (Ageitos, et al, 2021) que posibilita movimientos de los hilos de trama, y que producen texturas en las discusiones analíticas del trabajo social. Identificamos a este momento histórico como de gubernamentalidad neoliberal (Murillo, 2011), en referencia a la forma de gobierno en el que se combinan modos de subjetividad con exigencias meritocráticas. En el siguiente apartado, se explicarán estos conceptos en profundidad.

Resulta fundamental la argumentación teórica y ética en relación a las apuestas de la disciplina/profesión sobre las expresiones de las desigualdades, reconociendo que los idearios de transformación (Castro-Serrano y Flotts, 2018) acompañan al trabajo social desde sus orígenes. Proponemos identificar encuentros, marcas, puntos de apoyo, tensiones y discusiones estructurales en las cartografías analíticas del trabajo social y los estudios sociales de la discapacidad. Este ejercicio busca dar lugar a nuevas reflexiones e interrogantes, propiciar nuevos habitares y desandar prácticas. Para ello, iniciamos reconociendo a la discapacidad en tanto concepto y como campo (Danel y Favero Avico, 2014) identificando una larga trayectoria del trabajo social en el mismo (Danel, 2018). Proponemos dar cuenta de los anudamientos, de las discusiones que ambos espacios de saber/poder han generado y visualizar los hilos que ligan ambos procesos de desentrañamiento.

Finalmente, compartiremos reflexiones que anudan y ensamblan las preocupaciones de la disciplina/profesión en el campo de la discapacidad. Interesa que el capítulo aporte a las fructíferas discusiones que el trabajo social viene desarrollando en los estudios sociales de la discapacidad y, fundamentalmente, incidir en las experiencias formativas de grado y posgrado de la disciplina.

2. Urdimbre y trama del trabajo social

Interesa reconocer de qué manera el trabajo social contemporáneo configura de modo situado el desarrollo de la disciplina/profesión. En tal sentido, recuperamos conceptos trabajados con anterioridad (Ageitos, et al, 2021) en el que se reconoce desde la metáfora de *urdimbre y trama* las maneras en que se organiza el sentido de la profesión en tiempos de gubernamentalidad neoliberal.

2.1. El concepto de urdimbre

Apelamos a la metáfora de la urdimbre para dar cuenta del conjunto de hilos longitudinales que se mantienen en tensión para dar forma a la trama a partir de la inserción de los hilos variados, posibilitando el movimiento de los hilos que se tejen. La urdimbre es uno de esos tensores, es el debate en torno a la intervención social. La intervención social es entendida como construcción histórica, teórica y política (Muñoz, 2011) y en tanto dispositivo (Carballeda, 2010) inherente a la modernidad. Mediante la planificación y conocimiento situado, la intervención busca transformar una situación que es concebida como injusta, opresiva o no deseada. Por lo tanto, en su propia configuración, alberga la pregunta por la transformación social. (Muñoz, 2011).

En diálogo con los aportes de Carballeda (2010), señalamos que la intervención es pensada como dispositivo conformado por discursos, leyes y proposiciones que resuenan en relación a cómo se constituyen las ideas en torno a qué es la sociedad, su funcionamiento, sus conflictos y alianzas. También a las formas en que se piensa la cuestión social, y a las múltiples formas en que se desarrollan las prácticas de intervención y sus consecuentes formas de producción de conocimiento.

En ese sentido, la intervención social evidencia tensiones entre las formas que asumen el disciplinamiento y las apuestas societales por la emancipación. La mencionada tensión ha sido ampliamente tematizada por Castro-Serranoy Flotts (2018) desde Chile; Danel y Velurtas (2021) desde Argentina; Ferguson (2005) desde Reino Unido, entre otras producciones. Estas han permitido identificar cómo el debate disciplinar siempre pudo reconocer que la intervención social supone habitar la incomodidad (Danel, 2020). Esa incomodidad signada por las tiranteces entre las lógicas institucionales en la producción de lo público y las demandas que los sujetos de la intervención configuran en relación a sus necesidades y derechos. Al mismo tiempo, en nuestras desiguales formaciones sociales, el abanico de respuestas públicas a las expresiones de la cuestión social resulta insuficiente para reducir las brechas de desigualdad.

Las contradicciones entre los intereses de clase se expresan en la arena de lucha de producción de agendas públicas. Siguiendo a Margarita Rozas Pagaza (2001) la cuestión social rebasa la relación capital-trabajo, habida cuenta que se trata de una cuestión política en el que los Estados, sus agentes y los ciudadanos ocupan un lugar central. Pensar la intervención del trabajo social desde la idea del habitar posibilita identificar y comprender los entramados de relaciones sociales protagonizadas por actores sociales singulares y colectivos que disputan poder. En trabajos anteriores presentaba la idea del habitar (Danel, 2020) vinculada a los giros lingüísticos/discursivos y corporales señalando que ocupar la intervención es encarnarla en relaciones entre sujetos en marcos políticos e institucionales en disputa.

Las reflexiones sobre intervención reconocen que la misma siempre es fundada, habida cuenta que constituye un proceso de categorización simbólica (Matus, 2002) que posibilita la interpretación de las escenas sociales e institucionales en las que se interviene. La intervención trama de manera situada las relaciones que la institucionalidad propicia o restringe.

Finalmente, destacamos que esos marcos interpretativos que organizan el sentido de las intervenciones se relacionan por añadidura con las percepciones corporales que acontecen en las escenas interventivas.

2.1.1. La urdimbre y el enfoque de derechos

El siguiente eje de la urdimbre es el enfoque de derechos que, al decir de Hermida (2020), configura una de las interrupciones del debate disciplinar. El trabajo social se ha visto atravesado por la ampliación de discursos que reconocen la centralidad del Estado en la producción de ciudadanías. Recuperando los aportes de Kessler y Merklen (2013) destacamos que la desinstitucionalización resulta un complejo proceso resultante de la puesta en jaque de los sistemas de protección social, la ampliación de la conflictividad social, la desregulación del mercado de trabajo "y las dificultades del sistema educativo para responder a los requerimientos del mercado de trabajo, a las evoluciones culturales y a la formación de sujetos políticos". (p. 10). Esos procesos de desinstitucionalización intensifican los déficits institucionales que desprotegen a los sujetos cuyas vidas están precarizadas. La desinstitucionalización se constituye en la expresión en las instituciones de la gubernamentalidad neoliberal (Murillo, 2011). Es decir, de la forma de gobierno enfocada a profundizar el autogobierno de los sujetos. Se desarticula la solidez de la protección social del estado, declina la fortaleza y robustez institucional, sin ser interpelado ya que prevalecen las ideas de mérito individual.

En ese mismo proceso histórico social se produjo la ampliación de repertorios discursivos que señalaban que los programas y políticas configuraban a los sujetos en relaciones de ciudadanía. Repertorios, en el sentido de identificar que los argumentos, las retóricas y los fundamentos de las políticas sociales reiteran las nociones de sujeto de derechos, protección social del estado y andamiaje institucional para el acompañamiento de trayectorias vitales.

Los procesos de desinstitucionalización como pregunta y los procesos de reinstitucionalización (Kessler y Merklen, 2013) constituyen una tirantez sostenida con el enfoque derechos en tanto "marco conceptual que brindan los derechos humanos como derechos legitimados por la comunidad internacional, ofrece un sistema coherente de principios y pautas aplicables en las políticas de desarrollo" (Pautassi, 2007, p. 21).

Entonces, la desinstitucionalización desarticula el sólido repertorio del enfoque de derechos como marco conceptual y es reemplazado por políticas de individuación para modelar y producir sujetos activos y responsables. (Kessler y Merklen, 2013). La reinstitucionalización es el resultante de esas políticas, anclándose en lógicas de méritos y merecimientos y ya no de derechos. Los merecimientos vinculados a las activaciones, los derechos tensados con lo meritocrático establecen el segundo eje de la urdimbre.

2.1.2. La urdimbre y la noción de sujeto

Finalmente, el tercer eje de la urdimbre tiene que ver con los modos en que se constituye la noción de sujeto, la subjetivación y precarización. El reconocimiento de la capacidad de agencia de los sujetos constituye un eje sustantivo para el desarrollo de las intervenciones sociales y la dimensión performativa de los discursos se liga a cómo las intervenciones afianzan o limitan itinerarios y accesos. La capacidad de agencia "es pensada desde dos aspectos, capacidad como prerrogativa política de un sujeto constituido según criterios jurídicos y como potencia general que emerge a través de la performatividad del lenguaje/discurso" (Lorey, 2017, pp. 137).

Es decir, la capacidad de agencia se pone en acto en las intervenciones desde los marcos legales que propugnan los derechos que asisten a la ciudadanía, y al mismo tiempo por las formas que asumen las decisiones individuales. Los sujetos de intervención toman decisiones a partir de un abanico de opciones que la institucionalidad pública produce y en relación a aquellas situaciones que se constituyen en problemáticas.

Las subjetividades son un modo de hacer en el mundo, de sentir, pensar y actuar. Las mismas se vinculan a las formas en que la institucionalidad política-estatal las produce y, tal como señalamos precedentemente, a las formas en que la gubernamentalidad neoliberal las modela.

Lewkowicz y Corea (2004) señalan que la subjetividad está ligada a los recursos con los que cuentan los sujetos para habitar el espacio social en general o un dispositivo determinado. Los sujetos, sus subjetividades, se ponen en juego en la intervención, siendo uno de los ejes de la urdimbre.

2.2. El concepto de trama

Las prácticas de devenir sujeto y de subjetivación se desarrollan en entramados de redes discursivas en los que trabajo social aporta de manera constante en escenarios institucionales. La trama es pensada desde la diversidad y heterogeneidad de las acciones profesionales que se enmarcan en distintas matrices teóricas del trabajo social contemporáneo (Rozas Pagaza, 2020). Por lo tanto, las dimensiones teórico-metodológicas y ético-políticas dotan de sentido esas acciones profesionales.

La trama también es pensada desde la identificación del acompañamiento como categoría emergente en los discursos profesionales (Danel, 2018) y como categoría teórica pujante (Sierra, 2021). Pensar el acompañamiento como un hilo de la trama nos ubica en las escenas cotidianas, en la planificación de las acciones y en el reconocimiento de brechas de desigualdad.

Esas brechas de desigualdad proponemos que sean pensadas desde la matriz cuatríada configurada por el neoliberalismo, el patriarcado, la colonialidad y el capacitismo (Danel y Favero Avico, 2021), en tanto forma de dominación intersectada que organiza el sentido de las acciones cotidianas y se hace presente en las experiencias interventivas.

En la materialidad de la intervención se ponen en juego las "cuatro funciones esenciales que planteamos: asistencia, gestión, educación y cuidado" (Danel, 2018, p. 118) y es expresan de manera entrelazada en las acciones profesionales. Esas funciones constitutivas dotan de sentido las acciones profesionales de trabajadores sociales. Por ejemplo, la asistencia resulta el proceso que posibilita la generación de condiciones para que los sujetos de la intervención accedan a los recursos necesarios para su reproducción social. La asistencia como derecho de todos los ciudadanos, posibilita superar la forma en que escudriñamos las relaciones entre satisfactores y necesidades. La asistencia como dimensión de la intervención, y al mismo tiempo cómo un derecho que le asiste a todos.

La función de gestión se vincula a los modos en que las intervenciones ponen en juego la adquisición y coordinación de recursos en el marco de una red de actores con intereses diversos (Bonicatto, 2017). La tarea profesional articula la gestión de recursos económicos, materiales, humanos, entre otros, en el marco de las instituciones públicas. Y señalamos que la gestión supone también los procesamientos analíticos y políticos de construcción de los problemas sociales, su registro público y la consecuente puesta en acto de recursos disponibles.

La función de educación es pensada en varias acepciones, por un lado ligado a la socialización de información sobre los modos de presentación y respuestas de lo público, tendiente a democratizar accesos. También se analiza la función educativa en tanto transmisión y diálogo de saberes entre usuarios de los servicios sociales y los profesionales. Ambas acepciones, socializar y formar, son pensadas como acciones políticas, modos de hacer accesible los sentidos sobre los derechos.

La función de cuidado se vincula a la concepción como sostenibilidad de la vida (Tronto, 1993, Danel, 2018), cómo lo que hacemos para mantener el mundo, hacerlo mejor. El cuidado se constituye en una dimensión persistente de las tareas profesionales toda vez que intervenir es producir desde institucionalidad pública sentidos sobre la justicia social.

Las cuatro funciones (asistencia, gestión, educación y cuidado) mencionadas se hacen presentes en la materialidad de la intervención, en el desarrollo del dominio herramental de la profesión. Con ello, hacemos referencia a las formas que asumen el desarrollo de entrevistas tramitando los dilemas en torno a cómo capturar las voces de los sujetos que son minorizados en tiempos de gubernamentalidad neoliberal. También a los modos en que se lleva adelante la orientación, el asesoramiento, la transmisión de información oportuna y la articulación con otros dispositivos de atención tendientes a derivar a quienes requieren otras respuestas. Se destaca el acompañamiento a sujetos con situaciones sociales complejas, las visitas domiciliarias, la asignación de recursos, la producción de informes sociales, los registros múltiples de las prácticas. Y en relación a las vinculaciones con otros profesionales se identifica la conformación de equipos interdisciplinarios, la supervisión de servicios socio-sanitarios, la definición de dispositivos de atención. Y finalmente, las propuestas a creación de normativas, la producción de informes de gestión, entre otras acciones que configuran el dominio herramental (Danel, 2018).

La urdimbre y la trama resultan fundamentales para comprender la intervención profesional y desde allí la amplitud de acciones que se llevan adelante en el marco de la producción de lo público. Destacamos que las acciones profesionales, que constituyen los hilos de la trama, han tenido pulsos diferenciales de acuerdo a las distintas matrices teóricas del Trabajo Social y a las tendencias de los estudios sociales de la discapacidad. Por ello, se requiere reconocer las bases epistémicas comunes y los senderos que se fueron creando y recreando en pos de aportar a procesos de trasformación, de justicia social y epistémica.

3. Debates críticos en los estudios sociales de la discapacidad

Los estudios sociales de la discapacidad inscriben sus búsquedas en las discusiones que desde las Ciencias Sociales se sostienen acerca de la discapacidad como concepto y como campo (Danel y Favero Avico, 2014), focalizando la atención en la producción de barreras al acceso a los recursos socialmente valorados interrogando sobre la producción de lo común y la inclusión social. La discapacidad en tanto categoría describe múltiples experiencias vitales en relación permanente con la producción social de la normalidad como estructuradora de prácticas, conceptos, modos de subjetivación en el marco de disputas de carácter normativo, jurídico, biomédico, rehabilitante y pedagógico.

En ese contexto, emerge la necesidad de problematizar concepciones, interpelarlas desde las formas singulares en que se urden y narran las trayectorias de las personas en situación de discapacidad y las particulares formas que asume el vínculo con los sistemas de protección social. Para ello resulta sustancial una mirada historizante en torno a las tradiciones críticas de los estudios sociales de las discapacidades.

Como primera marca en el mapa de los estudios críticos en discapacidad ubicamos los debates que instaura el modelo social desde hace más de cuarenta años tributario del encuentro y diálogo entre la lucha por los derechos de las personas con discapacidad y los desarrollos de la sociología en el mundo anglosajón (Ferrante, 2014), lo que significó un cambio sustancial en los modos de comprender la discapacidad en Occidente. Hacemos referencia a los debates que posibilita la versión materialista emergida en el Reino Unido comprendiendo a la discapacidad como una forma de opresión (Oliver, 1998). Por ello, los *disability studies* constituyen una marca nodal en la producción legitimada de la discapacidad como asunto de las ciencias sociales.

Siguiendo el recorrido por el mapa de los estudios críticos, avanzamos en la marca que producen las teorías posestructuralistas con especial interés en los debates en torno a la ideología de la normalidad, el giro discursivo y la reposición del cuerpo en los debates del campo (Rosato y Angelino, 2009; Danel, et al, 2021). Discurso, poder, precariedad y subjetividades configuran los ejes centrales del debate sobre la producción social de la discapacidad.

También ubicamos en ese mapa los impactos que las teorías relacionales han generado en los debates, con un aporte indiscutible de la obra de Pierre Bourdieu. Especialmente la comprensión de las corporalidades, las disputas por los diferentes especies de capital y las relaciones sociales. (Ferrante y Ferreira, 2008; Danel, 2018). La perspectiva relacional posibilitó la comprensión de lo social hecho cuerpo para ubicar las formas singulares en que la discapacidad se constituía en nuestros territorios.

Continuando en la búsqueda de identificar los aportes críticos en los debates de las ciencias sociales sobre la discapacidad identificamos singulares trazos y marcas que dibujan los estudios críticos latinoamericanos. En ese sentido, y recuperando un trabajo de investigación colectivo realizado desde el Grupo de Trabajo de CLACSO[1] "Estudios críticos de la discapacidad" identificando que los desarrollos de investigación de intelectuales pertenecientes al mismo tematizan de manera especial sobre los siguientes tópicos:

---

1 El Consejo Latinoamericano de Ciencias Sociales (CLACSO) es una institución internacional no-gubernamental creada en el año 1967. Reúne hasta el momento a 883 centros de investigación y posgrado en el campo de las ciencias sociales y las humanidades en 56 países de América Latina y otros continentes. CLACSo desarrolla una política de trabajo colaborativo a través de los Grupos de Trabajo (GT), siendo uno de ellos el de "Estudios críticos en discapacidad, iniciado en el año 2016 y que ha promovido una serie de producciones académicas, experiencias formativas y articulación intersectorial en varios países.

- *Historia pluralizada y multivocal:* en relación con los estudios que identifican las formas socio históricas que asumieron el abordaje social, educativo y de salud hacia las personas con discapacidad. También los estudios historiográficos nacionales y trasnacionales.
- *Educación: entre las gramáticas y las epistemologías:* en relación a las investigaciones sobre la dimensión epistemológica de la inclusión, y las relaciones con los debates sobre justicia social. También, aquellas que identifican la puesta en escena de las políticas, prácticas y sentidos en torno a la educación inclusiva y las luchas contra la segregación.
- *Trabajo como transformación, alienación e inclusión,* vinculado a las producciones científicas que debaten en torno a la inclusión laboral, a las políticas de empleo y a las regulaciones tendientes a propiciar la oferta de puestos de trabajo. También, se ubican aquellos estudios que analizan ontológicamente al trabajo y la relación con la explotación capitalista.
- *La discapacidad como producción sociocultural e ideológica:* en relación a las investigaciones sobre la dimensión simbólica de la discapacidad, las disputas por los cambios en las nominaciones y en los espacios sociales. Estos estudios problematizan la idea de normalidad.
- *Sobre sujetos, subjetividades e identidades en discapacidad:* en este tópico ubicamos los estudios sobre acción colectiva, procesos de subjetivación singular, familiar y comunitaria. También, se analizan los procesos de devenir sujeto en situación de discapacidad. (Danel, et al, 2021).

Estas tematizaciones son producidas desde debates materialistas, desde el giro decolonial y/o poscolonial[2] y los abordajes desde la teoría crip. Podríamos afirmar que las bases y principios de las perspectivas críticas en discapacidad reconocen rasgos estructurales en la producción de las experiencias vitales tales como la clase, el género y la capacidad corporal obligatoria. Y ubican en la trama simbólica y en el lenguaje la capacidad performativa[3]. Podríamos sugerir que las perspectivas críticas latinoamericanas proponen un pensar situado, reconociendo las formas en que históricamente se desarrollaron las diputas con los encasillamientos normalizadores y los modos en que se entrelazaron con las luchas del movimiento obrero organizado y otros grupos minorizados.

---

2 El giro decolonial o poscolonial invitan a repensar las lógicas lineales y cronologizadas del tiempo, reconociendo las formas persistentes de colonialidad del ser, del haber y de poder.

3 La performatividad del lenguaje, la idea de que el nombrar produce aquello que menciona o al menos, la delinea. Los estudios mencionados ubican al lenguaje como creador de identidades y al mismo tiempo buscando producir estabilidad que permita sustentar disciplinamientos.

Las críticas a los planteos esencialistas y biologicistas aparecen de manera constante en las producciones y al mismo tiempo se ligan las discusiones de la discapacidad cómo parte de las manifestaciones de la cuestión social contemporánea.

4. Cartografiando intersecciones de los debates

En este apartado nos interesa compartir algunas apuestas analíticas en relación a las intersecciones del debate contemporáneo del trabajo social y las perspectivas críticas en discapacidad. En ese sentido, identificamos dos puntos de encuentro, intersección y anudamiento en las búsquedas de ambos campos.

Uno de los puntos nodales se vincula a las formas en que se analiza la categoría de sujeto, en tanto agente socializado y con capacidad de agencia, que es capaz de devenir sujeto. Los estudios críticos en discapacidad han propugnado ubicar a los sujetos de la discapacidad en su condición de persona (ONU, 2007), deseante y deseada (Miguez, 2020), protagonista de su curso vital y con derechos a sostener relaciones de estatalidad en el marco de los sistemas de seguridad social.

Como señalamos con anterioridad estos derroteros analíticos resuenan de manera concordante y complementaria con las búsquedas del trabajo social en tanto disciplina y profesión. El reconocimiento de los sujetos en su capacidad de agencia y como modo socializado de transitar las instituciones, repica en la misma trama. Estos modos de pensar a los sujetos posibilitan volver sobre las discusiones en torno a la escucha como categoría emergente (Danel y Favero, 2021) y desde allí abrir a nuevos modos de enfrentar los debates éticos, políticos, teóricos y metodológicos. Es decir, reconocer cómo se habitan las contiendas por el sentido de la acción profesional y las formas en que se traman las apuestas colectivas.

La escucha como forma singular de aportar a la hospitalidad, a la accesibilidad y de ligar con la producción de lo público. Hospitalidad vinculada a la dimensión ético-política de la intervención, a la función de cuidado que desarrollamos con anterioridad. La idea de hospitalidad recoge los gestos mínimos, los ritos institucionales, las apuestas estratégicas que ubican a la otredad como semejante. (Danel, 2018). Por ello, la escucha se configura como articuladora de las demandas singulares, colectivas y como posibilidad de interpelar esa configuración de lo público en tiempos de desinstitucionalización. La hospitalidad y la escucha vinculan sentidos de horizontalidad como perspectiva metodológica y ético política.

"La escucha (...) se configura como una posibilidad de encuentro: una acción comunicativa dialógica que nos empareje, que nos acerque al escuchar(nos) como forma de vincularnos, de generar lazos, fortalecerlos desde la horizontalidad. Ello implica enfrentar el desafío de situarnos y hacernos cargo de los conflictos que implican estas experiencias de coautoría." (Danel y Favero Avico, 2021, p. 37).

El segundo punto nodal está asociado al debate en torno a la cuestión social, en su concepción como aporía[4] (Castel, 1997) vinculado a las tramas complejas de la integración social en la sociedad salarial o como marca inmanente de la contradicción capital trabajo[5] (Netto, 1992). En los estudios sociales de la discapacidad podríamos aventurarnos a señalar que la cuestión social y sus manifestaciones, aparecen analizadas desde el reconocimiento de las tramas de la desigualdad con evocaciones diferenciales. Con esto se señala que la cuestión social es innegablemente también una cuestión corporal y se vincula a las formas en que la normalización de las expectativas penetra sobre las vidas de las personas etiquetadas como discapacitadas. La desigualdad entendida como matrices reconoce que las mismas están atravesadas por relaciones de poder y sentidos asociadas a las mismas, que opera distribuyendo asimétricamente ventajas y desventajas en cada formación social (Reygadas, 2020). En este sentido resulta fundamental ubicar y situar en cada contexto las particularidades que asumen esas matrices, y las singularidades con las que se expresan las asimetrías en las vidas de los sujetos.

Cuestión social en tanto categoría central del debate de la disciplina, requiere ser pensada desde las particularidades contextuales y las formas en que la estructuración de nuestras vidas, historias, memorias y experiencias.

En ese sentido resulta fundamental recuperar los aportes de Barton:

"La importancia fundamental del modelo social en la lucha por la igualdad y por un mundo no opresivo, no discriminatorio, radica en el hecho de que va más allá de la propia cuestión de la discapacidad y se centra más bien en el establecimiento y mantenimiento de un mundo social en el que todas las personas experimentan la realidad de los valores inclusivos y de las relaciones". (Barton, 2009:144)

---

4 Aporía se vincula a aquellos razonamientos que permiten el surgimiento de contradicciones o paradojas irresolubles. La cuestión social en la obra de Castel lo ubica en ese sentido cuando analiza los procesos de integración social, de producción de comunidad. Por ejemplo, nos podemos preguntar: ¿Es posible la integración en sociedades desiguales?

5 La idea de cuestión social como producto de la contradicción capital trabajo constituye uno de los ejes sustantivos del debate del trabajo Social contemporáneo. Refiere a las formas en que las sociedades capitalista producen riqueza que es apropiada por sectores concentrados y la explotación de la clase trabajadora como posibilidad de la producción de excedente.

Podríamos señalar que las luchas por un mundo no opresivo se anudan de manera persistente con el reconocimiento de la potencia de los sujetos, de las experiencias diferenciales y de las apuestas esperanzadoras que desarrollamos los sujetos. La discapacidad no constituye una tragedia personal, como tampoco en las instituciones de producción de lo público anidan hostilidades como único modo de vincularse.

5. Conclusiones

Este capítulo propuso identificar puntos de encuentro de los debates teóricos de los estudios sociales de la discapacidad con los disciplinares del trabajo social. En ese sentido, se propuso adentrarse en la trama del debate del trabajo social, reconociendo como urdimbre a los debates de la intervención, la perspectiva de derechos y las nociones sobre el sujeto. Desde esa urdimbre identificamos los hilos que aportan a la producción de la trama, tales como las acciones profesionales sostenidas en matrices teóricas y el acompañamiento como categoría pujante.

Identificamos los puntos en el mapa de los estudios críticos en discapacidad, reconociendo que la mirada historizante permite producir analíticas rigurosas. Las normalizaciones, las desigualdades y las experiencias situadas aparecen de manera recurrente en las investigaciones, al tiempo que la preocupación por dar cuenta de las formas en que opera la clase, el género y capacidad corporal en tanto ejes estructuradores de la experiencia.

Las intersecciones de ambas búsquedas intelectuales las encontramos en los debates en torno a los sujetos y a la cuestión social. Las formas en que se habita el debate del trabajo social en el campo de la discapacidad suponen una búsqueda por la justicia social, la hospitalidad y el cumplimiento efectivo de los derechos.

Lecturas recomendadas

Danel, P M.; Pérez Ramírez, B. y Yarza de los Ríos, A. (Comp.) *¿Quién es el sujeto de la discapacidad? exploraciones, configuraciones, potencialidades*. Buenos Aires: CLACSO-Universidad Nacional de la Plata.

Ferrante, C. y Dukuen J. (2017) "Discapacidad" y opresión. Una crítica desde la teoría de la dominación de Bourdieu. *Ciencias Sociales, 30*(40), 151-168.

Ferrante, C. y Ramacciotti, K. (Coord.) (2021). Dossier Potencialidades y obstáculos para analizar las discapacidades desde el abordaje sociohistórico. *Revista Pasado Abierto*, 15.

Pérez, A. V. y Rapanelli A (2021) *Discapacidad, prácticas e investigación: interpelando a las Ciencias Sociales*. Santiago de Chile: CELEI-UNQ.

Actividades de repaso

Le solicitamos que realice un mapa conceptual que puntualice en las categorías centrales del texto, entre ellas: las de Intervención social, urdimbre y trama, sujeto/subjetividad, enfoque de Derechos, desinstitucionalización, funciones de la intervención, Escucha y acompañamiento. También, la de modelo social de la discapacidad, perspectiva relacional de la discapacidad y estudios críticos latinoamericanos.

1. Le invitamos que lea el cuento de Carlos Skliar (2020):

"Sonrisa en el zapato"

Un mundo es una inmensa circunferencia agujereada por las excepciones, me dijo el zapatero, mientras pegaba la suela desgastada de un calzado impar que le dejó un joven sonriente esa mañana, y cuya pierna ya sin pie había sido despedazada por un tren la otra noche en que se había enamorado por primera vez y para siempre."

2. Una vez leído el mismo le solicitamos que con la colaboración del mapa conceptual —previamente elaborado— produzca un texto (una carilla) en la que elabore la escena posterior, en la que el protagonista se ubique en una escena interventiva.
3. Le proponemos que relacione el concepto de intervención desde las metáforas de urdimbre y trama, a fin de comprender las formas que asume la intervención del Trabajo Social en discapacidad.

Resumen

En el presente capítulo compartimos reflexiones en relación a los cruces espaciales y temporales entre el trabajo social y los estudios sociales de la discapacidad. Interesa identificar de qué manera las urdimbres y las tramas (Ageitos, et al, 2021) sostienen, alojan y producen texturas en las discusiones analíticas del trabajo social. Y visualizar los puntos de encuentro entre las apuestas ético-políticas de la disciplina / profesión con las renovadas expresiones de las desigualdades en tiempos de gubernamentalidad neoliberal (Murillo, 2011).

Desde allí, propugnamos diálogos con las perspectivas críticas de los estudios sociales de la discapacidad, las que han aportado una serie de producciones que permiten identificar los modos situados, desiguales y encarnados en que se producen las experiencias de la discapacidad.

Bibliografía

Ageitos, P. et al. (2021). De urdimbres y tramas en las reflexiones, debates y apuestas del Trabajo Social contemporáneo. En: Danel P y Velurtas M —coord.— (2021). *Entre precariedades y derechos: anudando debates del Trabajo Social, las políticas sociales y la intervención.* EDULP, La Plata (225-244).

Barton, L. (2009) Estudios sobre discapacidad y la búsqueda de la inclusividad. Observaciones. En: Revista de Educación, 349. Mayo-agosto 2009, pp. 137-150

Bonicatto, M. (2017). *Gestión Estratégica Planificada (GEP): Un método para la gestión en organizaciones públicas.* EDULP, La Plata.

Carballeda, A. (2010). La intervención en lo social como dispositivo. Una mirada desde los escenarios actuales. TRABAJO SOCIAL UNAM VI Época Número 1 diciembre 2010 Ciudad de México [pp. 46-59]

Castel, R. (1997). *La metamorfosis de la cuestión social. Una crónica del asalariado.* Paidós. Buenos Aires.

Castro-Serrano, B. y Flotts, M. (2018). *Imaginarios de transformación. El Trabajo Social revisitado.* RiLl editores y Universidad Andrés bello.

Danel, P. y Favero Avico A. (2021). Intervenciones, cuerpos y escuchas en el Trabajo Social contemporáneo. En: Sande, S y Capurro Y. (comp) *Trabajo Social contemporáneo en contextos de Pandemias: Nuevos desafíos a la intervención gerontológica.* Tradinco.

Danel, P. y Velurtas, M. (2021). *Entre precariedades y derechos. Anudando debates del Trabajo Social, las políticas sociales y la intervención.* La Plata. http://sedici.unlp.edu.ar/handle/10915/120938

Danel, P. (2020). Habitar la incomodidad. *Revista Escenarios. Universidad Nacional de La Plata, Argentina.*

Danel, P. (2018). *Trabajo Social y Discapacidad. Intervenciones, trayectorias y temporalidades.* La Hendija.

Danel, P. y Favero Avico, A. (2014). *Discusiones desde las prácticas sociales sobre la discapacidad, entendida como concepto y campo.* Actas IX Jornadas de investigación, docencia, extensión y ejercicio profesional. Facultad de Trabajo Social, UNLP, La Plata, Argentina.

Ferguson, I. (2005) Another Social Work is Possible!' Reclaiming the Radical Tradition. En: Vesna Leskošek (Ed)., *Theories and Methods of Social Work: Exploring Different Perspectives.* University of Ljubljana.

Ferrante, C. (2014). Usos, posibilidades y dificultades del modelo social de la discapacidad. *Revista Inclusiones. Revista de Humanidades y Ciencias Sociales* 1 (3), 31-55.

Ferrante, C. y Ferreira M. A. (2008). Cuerpo y habitus: el marco estructural de la experiencia de la discapacidad. *Revista Argentina de Sociología.*

Hermida M. E. (2020). La tercera interrupción en Trabajo Social: descolonizar y despatriarcalizar. *Libertas,* 20(1), 94-119.

Kessler, G. y Merklen, D. (2013) Una introducción cruzando el Atlántico. En: Castel, R.; Kessler, G.; Murard, N.; Merklen, D. *Individuación, precariedad, inseguridad. ¿Desinstitucionalización del presente?* Paidós.

Lewkowicz I. y Corea C. (2004). *Pedagogía del aburrido. Escuelas destituidas, familias perplejas.* Paidós.

Lorey I. (2017). *Disputas sobre el sujeto: consecuencias teóricas y políticas de un modelo de poder jurídico: Judith Butler.* Adrogué. La Cebra

Matus, T. (2002). *Propuestas contemporáneas en trabajo social. Para una intervención polifónica.* Espacio.

Miguez Passada M (2020) Discapacidad y sexualidad en América Latina: hacia la construcción del acompañamiento sexual. *Nómadas.* 52.

Muñoz, G. (2011). Contrapuntos Epistemológicos para intervenir lo social ¿cómo impulsar un diálogo interdisciplinar? *Cinta de Moebio* 40, 84-104.

Murillo, S. (2011). Estado, sociedad civil y gubernamentalidad neoliberal. *Entramados y perspectivas,* 1(1), 91-108

Netto, J. P. (1992) *Capitalismo Monopolista y Servicio Social.* Cortez.

Pautassi L. (2007) E*l cuidado como cuestión social desde un enfoque de derechos.* Naciones Unidas.

Reygadas L. (2020). La construcción simbólica de las desigualdades. En: Jelin, E.; Motta, R.; Costa, S. (Org.). *Repensar las desigualdades* (pp. 201-222). Siglo XXI.

Rosato, A. & Angelino, M. A. (Eds.) (2009). *Discapacidad e ideología de la normalidad.* Noveduc Libros.

Rozas Pagaza, M. (2001). *La intervención profesional en relación con la cuestión social: El caso del trabajo social.* Espacio.

Rozas Pagaza, M. (2020). Editorial Matrices teóricas en trabajo social: debates y perspectivas. *Revista Escenarios. 31.*

Sierra, N. (2021). El acompañamiento como categoría y las instituciones contemporáneas. *Revista Debate Público.*

La promoción de la vida independiente en personas con diversidad funcional: una mirada desde el trabajo social

ANTONIO IÁÑEZ-DOMÍNGUEZ

Departamento de Trabajo Social y Servicios Sociales, Universidad Pablo de Olavide

Guion

1. Introducción
2. El Movimiento de Vida Independiente
   2.1. Origen, desarrollo y evolución
   2.2. El Movimiento de Vida Independiente en España
   2.3. Los Centros y Oficinas de Vida Independiente
3. La asistencia personal como apoyo clave para la vida independiente
   3.1. Origen e implementación
   3.2. Situación de la asistencia personal en España
4. La intervención a partir de los deseos y las preferencias de las personas con diversidad funcional
5. Conclusiones
6. Referencias bibliográficas

Objetivo central

Analizar el proceso de implementación y desarrollo de los apoyos para la promoción de la autonomía personal y la vida independiente en las personas con diversidad funcional.

Objetivos del capítulo

- Presentar el origen y evolución del Movimiento de Vida Independiente.
- Dar a conocer la asistencia personal como apoyo clave para la vida independiente.
- Promover la intervención desde la planificación centrada en la persona.

Conceptos claves: diversidad funcional, vida independiente, autonomía, asistencia personal y trabajo social.

1. Introducción

La promoción de la autonomía personal y la vida independiente de las personas con diversidad funcional constituye un reto de nuestra sociedad y, más concretamente, de las políticas públicas, que deben ser las encargadas de facilitar los apoyos necesarios para garantizar la igualdad de oportunidades y la dignificación de la vida de estas personas. Es preciso aclarar que, a lo largo del texto, se utilizará el término diversidad funcional (Romañach y Lobato, 2005) que, en el panorama español, irrumpe en 2005, a propuesta del Foro de Vida Independiente y Divertad (en adelante, FVID), como una nueva forma de nombrar a este sector de población y como una nueva manera de mirar la "discapacidad".

En los años sesenta del siglo pasado, en la lucha por los derechos civiles, surgirá el movimiento de vida independiente, en Estados Unidos, que plantea la desistitucionalización y el derecho a vivir en comunidad. Será, en 2006, con la aprobación de la Convención Internacional sobre los Derechos de las Personas con Discapacidad, cuando se recoja, de forma explícita, en su artículo 19, el "derecho a vivir de forma independiente y ser incluido en la comunidad". Y, posteriormente, se refuerza en la Observación nº 5 de dicha Convención.

Para conseguir esa vida independiente, la asistencia personal (en adelante, AP) puede ser considerada un elemento clave de emancipación. Es por ello que, en este capítulo, se quiera poner en valor este servicio o prestación, frente a otro tipo de acciones más estándares y generalista que no toman en cuenta la capacidad de decidir de las personas con diversidad funcional. Para ello, se parte de las aportaciones y contribuciones que el Movimiento de Vida Independiente ha logrado a lo largo de estos años, decisivo en el logro de avances importantes en derechos civiles y sociales.

2. El movimiento de vida independiente

2.1. Origen, desarrollo y evolución

En los años sesenta del siglo XX, comenzaron una serie de movilizaciones por parte de grupos de población que, tradicionalmente, habían estado segregados de la vida política, económica y social. Se trataba de grupos excluidos por motivos de etnia, sexo-género, identidad sexual, religión, diversidad funcional, en definitiva, grupos disonantes con el modelo de normalidad hegemónico, que saldrán en defensa de sus derechos. En el caso de las personas con diversidad funcional, el modelo predominante, en aquella época, era el modelo médico-rehabilitador, construido bajo el binomio salud/enfermedad, capacitado/discapacitado. Así, las personas con diversidad funcional eran apartadas en instituciones o recluidas en su propio domicilio, privadas de sus derechos fundamentales. Esta situación hacia evidente la posición de desigualdad en la que se hallaba este grupo, que veían oprimidos sus derechos.

Bajo esta premisa y al grito de *Nothing about us without us* (Nada sobre nosotros sin nosotros —lema que representa la reivindicación de las personas con diversidad funcional para estar presentes en las políticas y proyectos que aborden asuntos que afectan a sus vidas—), defendido por los activistas estadounidenses con diversidad funcional, se origina el Movimiento de Vida Independiente, lo que supuso un cambio significativo en el modo de percibir a las personas con diversidad funcional. El momento cumbre se sitúa en 1962, en la ciudad de Berkeley (denominada por los estadounidenses como "city sponsored curb cut" —ciudad declarada sin freno a la movilidad—), cuando Ed Roberts, un estudiante en silla de ruedas, consiguió ser admitido en la Universidad de California para realizar sus estudios de Ciencias Políticas, después de que el Departamento de Rehabilitación de California rechazara su petición inicial por su elevado grado de *minusvalía*. Tuvo que alojarse en la enfermería de la Universidad, debido a la inaccesibilidad de la residencia donde se alojaban el resto de los estudiantes. Quince años más tarde se convertiría en el director del Departamento de Rehabilitación del Estado de California. Ed Roberts no solo fue pionero y protagonista de su lucha personal, sino que, por la posición que llegó a ocupar, elaboró también leyes y programas en favor de la autonomía y la dignidad de las personas con diversidad funcional.

El movimiento tuvo como objetivo liberar a las personas de las instituciones cerradas, e incluso de sus propias casas, donde se encontraban recluidas, para integrarlas en la sociedad. Si bien sus primeras acciones se concentraron en apoyo hacia las personas con diversidad funcional física, se fueron sumando grupos de personas sordas, ciegas y con diversidad funcional cognitiva. Desde la ciudad de Berkeley, se dio un gran impulso a este movimiento, con figuras como Ed Roberts, Judy Heumann y Gerald Baptiste, un activista invidente. Esta creencia de un grupo de personas en la importancia de la vida independiente logra extenderse, posteriormente, por Gran Bretaña y los países escandinavos.

La filosofía que subyace en este movimiento social parte de la idea de que todas las personas tienen el derecho a la vida independiente a través del máximo control sobre sus vidas, basado en el control sobre la toma de decisiones de las actividades diarias. El Centro Nacional de Vida Independiente en el Reino Unido afirma que la vida independiente

> significa ser capaz de vivir de la forma que tú elijas, con la gente que tú elijas. Significa tener posibilidad de elegir quién te ayuda y las formas en que te ayudan. No se

trata necesariamente de hacer cosas por ti mismo, se trata de tener control sobre tu vida en el día a día[6].

Por tanto, no se debe confundir la autonomía moral (capacidad para tomar decisiones) con la autonomía física (capacidad para realizar actividades) (Romañach, 2012). Es así que, desde la filosofía de la vida independiente, se subraya como elemento fundamental la autodeterminación de las personas para decidir su propio destino y su participación en todos los ámbitos de la vida.

Esta filosofía se basa en el principio de igualdad de oportunidades y trata de recuperar la dignidad de las personas con diversidad funcional, otorgándoles un papel activo y participativo dentro de nuestra sociedad. Éstas han estado atrapadas en centros residenciales durante años, por lo que se trata de concebirlas como "consumidores" activos y no como "pacientes" pasivos. En resumen, las tres "ideas fuerzas" que sustentan la filosofía de vida independiente son (Arnau, 2006):

- Desinstitucionalización: refiere al hecho de que las personas con diversidad funcional no tengan que vivir obligatoriamente en entornos institucionalizados ni segregados de la comunidad.
- Desmedicalización: parte de dejar de considerar a las personas con diversidad funcional como enfermas en todos los ámbitos de su vida (familiar, social, laboral, económico, etc.), señalando que los entornos son los *discapacitantes* y, por consiguiente, son los que hay que modificar.
- Desprofesionalización: parte de considerar que son las personas con diversidad funcional quienes tienen que tomar las decisiones sobre sus vidas y, por tanto, los y las profesionales deben abandonar la posición jerárquica de "superioridad" para pasar a una relación horizontal.

Esta nueva perspectiva, enfocada a la participación en la comunidad de las personas con diversidad funcional, quedó recogida, a nivel normativo, en la *Convención Internacional de las personas con discapacidad*, aprobada por la Asamblea General de la Organización de las Naciones Unidas (ONU) en 2006. España ratifica este Tratado en 2007, entrando en vigor e incorporándose a nuestro ordenamiento jurídico en 2008. El artículo 19, reconoce el derecho a vivir de forma independiente y a ser incluido en la comunidad.

> Los Estados Partes en la presente Convención reconocen el derecho en igualdad de condiciones de todas las personas con discapacidad a vivir en la comunidad, con opciones iguales a las de las demás, y adoptarán medidas efectivas y pertinentes para facilitar el pleno goce de este derecho por las personas con discapacidad y su plena inclusión y

---

6 Texto publicitario sobre las definiciones de vida independiente. National Centre for Independent Living.

participación en la comunidad, asegurando en especial que: a) Las personas con discapacidad tengan la oportunidad de elegir su lugar de residencia y dónde y con quién vivir, en igualdad de condiciones con las demás, y no se vean obligadas a vivir con arreglo a un sistema de vida específico; b) Las personas con discapacidad tengan acceso a una variedad de servicios de asistencia domiciliaria, residencial y otros servicios de apoyo de la comunidad, incluida la asistencia personal que sea necesaria para facilitar su existencia y su inclusión en la comunidad y para evitar su aislamiento o separación de ésta; c) Las instalaciones y los servicios comunitarios para la población en general estén a disposición, en igualdad de condiciones, de las personas con discapacidad y tengan en cuenta sus necesidades (ONU, 2006, p. 15).

En 2017, el Comité sobre los derechos de las personas con discapacidad publicó la Observación nº 5 sobre el derecho a vivir de forma independiente y a ser incluido en la comunidad, con el fin de ayudar a los Estados parte a aplicar el artículo 19. Esta Observación vino a reforzar la importancia de ese artículo en el conjunto de la Convención.

Hoy en día, el movimiento de vida independiente y, por consiguiente, la filosofía que persigue, se ha extendido por todo el mundo. En las décadas de los 80 y 90, este movimiento se expandió por Europa, creándose, en 1989, de la Red Europea de Vida Independiente (ENIL, European Network on Independent Living), en el marco de la Conferencia de Estrasburgo. Esta Red aglutina las iniciativas de vida independiente de los países europeos. También en América Latina, en el año 2001, se creó la Red Latinoamericana de Vida Independiente.

2.2. El Movimiento de Vida Independiente en España

En España, el movimiento de vida independiente llega a principios del siglo XXI, de la mano de Manuel Lobato, Javier Romañach y Juan José Maraña, considerados sus promotores, aunque cabe igualmente resaltar la influencia de mujeres que, desde sus inicios, tuvieron una gran implicación y aportaron una mirada feminista, tales como Marita Iglesias y Soledad Arnau, entre otras muchas. En el año 2001, se creó el Foro de Vida Independiente, con el objetivo de difundir los postulados del movimiento de vida independiente e implantar su discurso en el ámbito público del Estado español. A mediados de 2010, el Foro pasó a denominarse Foro de Vida Independiente y Divertad[7] (FVID).

Acorde con las características de los nuevos movimientos sociales, esto es, flexibles y poco profesionalizados (Gusfield, Laraña y Johnston, 1994), y haciendo uso de las tecnologías y las oportunidades que brinda Internet, el FVID es una comunidad virtual, compuesta por personas con y sin diversidad funcional que

---

7 Divertad es un juego de palabras, surgido de la unión de dignidad y libertad.

se representan a sí mismas. Este Foro propicia la reflexión, el debate y la ayuda entre iguales, y no dispone de una estructura organizativa de poder jerárquica, sino que las relaciones se establecen de manera horizontal, ni tampoco cuenta con un registro ni presupuesto. Los principios recogidos en el Manifiesto del FVID que inspiran la vida independiente, son:

- Toda vida humana tiene un gran valor y todo ser humano debe disponer de las oportunidades y alternativas necesarias para que pueda decidir sobre los asuntos que afectan a su vida.
- La diversidad funcional es un hecho inherente al ser humano y la entendemos como una manifestación más de la diversidad humana.
- Los principios básicos de la filosofía de vida independiente son: los derechos humanos y civiles, la autodeterminación, la autoayuda, la posibilidad para ejercer poder, la responsabilidad sobre la propia vida y las acciones y el derecho a asumir riesgos.
- Los servicios de asistencia personal son esenciales para las personas con diversidad funcional severa.
- La sociedad, con sus responsables políticos, sociales y económicos, deben procurar un entorno y unos servicios concebidos de tal manera que vivamos en igualdad de condiciones respecto al resto de los ciudadanos[8].

El primer evento de mayor impacto del FVID, en el que reunió una gran cantidad de personas y que sirvió para ofrecer mayor conocimiento del ideario de vida independiente, fue el Congreso Europeo sobre Vida Independiente en Arona (Tenerife), en abril de 2003, en el marco del Año Europeo de la Discapacidad. Ese Congreso supuso la segunda gran reunión de personas defensoras de la vida independiente en Europa, tras la primera Conferencia Internacional sobre Vida Independiente celebrada en 1982, en Múnich. Desde entonces, y a lo largo de todos esto años, el FVID ha logrado tener un impacto en el panorama español e, incluso, latinoamericano, a través de publicaciones e intervenciones en círculos académicos y políticos.

Un aspecto destacado del FVID fue la irrupción del término "diversidad funcional", en 2005. Aunque no exento de polémica, el término ha logrado la discusión en el ámbito académico y en el propio sector de la "discapacidad". Hasta entonces, los términos que se venían empleando estaban cargados de connotaciones negativas, reflejando más lo que las personas no podían hacer que sus capacidades. En la búsqueda de una terminología adecuada y no despectiva, se propone "diversidad funcional", siendo la primera vez en la historia que un grupo de personas con diversidad funcional deciden como autonombrase desde una

8 https://www.um.es/discatif/documentos/Manifiesto_FVI.pdf.

visión no medicalizada y sin que implique un sesgo negativo (Romañach y Lobato, 2005).

A nivel de instancias políticas, otro elemento a destacar es la incidencia del ideario del FVID en determinadas normas legales. Así, en el contexto de la formulación y aplicación de la *Ley 39/2006 de promoción de la autonomía personal y atención a las personas en situación de dependencia* (en adelante, LAPAD) será cuando aparezcan los discursos más firmes, de la mano del FVID, en contra de la institucionalización y, por el contrario, a favor de la vida independiente. Esta ley logró incluir preceptos de la filosofía de vida independiente, tales como la igualdad de oportunidades, la no discriminación y la prestación económica de asistencia personal. No obstante, algunos de estos principios quedaron reflejados con anterioridad en la *Ley 51/2003, de Igualdad de Oportunidades, No Discriminación y Accesibilidad Universal*, al inspirarse en los principios de normalización, accesibilidad universal, diseño para todos, diálogo civil y transversalidad de las políticas en materia de diversidad funcional. En su artículo 2, define la vida independiente como

> la situación en la que la persona con discapacidad ejerce el poder de decisión sobre su propia existencia y participa activamente en la vida de su comunidad, conforme al derecho al libre desarrollo de la personalidad.

La promulgación de ambas leyes generó muchas expectativas en el sector de la diversidad funcional, pues se transitaba hacia un modelo social que ponía en el centro a las personas y fundamentaba la intervención profesional en base a las opiniones y deseos individuales.

En conclusión, el FVID ha abierto un espacio de diálogo y discusiones que han facilitado la evolución de los modelos, dando lugar al modelo de la diversidad (Palacios y Romañach, 2006). De igual modo, ha logrado una nueva conceptualización y han puesto a la persona en el centro, dejando de ser objetos de la intervención a ser sujetos de derechos que gestionan y controlan sus propias vidas.

2.3. Los Centros y Oficinas de Vida Independiente

Los Centros de Vida Independiente (en adelante, CVI) son el instrumento para hacer efectiva la filosofía de vida independiente. Ed Roberts y Judy Heumann crearon el primer Center for Independent Living de Berkeley en 1972. Comenzó como un modesto apartamento, pero en breve se convirtió en el modelo de todos los centros que se crearon y que existen en Estados Unidos actualmente. Desde que se creara el primero hasta hoy, han surgido ya cerca de 600 centros en el país. Están controlados por personas con diversidad funcional y tienen por objetivo ayudar a otras personas afectadas para que aprendan a ejercer el control sobre sus propias vidas. Están constituidos generalmente como organizaciones sin ánimo de lucro (asociaciones, fundaciones, cooperativas sociales, etc.).

> Un CVI puede ser definido como una organización de carácter no residencial, no lucrativa, ideada y gestionada en su integridad por personas con discapacidad, primordialmente demandantes de atención continuada y a largo plazo, orientada a facilitar para sí mismas, en su comunidad de base, recursos de todo orden que hagan factible el diseño de planes individuales de vida independiente y autodeterminada (Maraña, 2004, p. 23).

En estos centros, se prestan una serie de servicios, tales como información, asesoramiento y acompañamiento para la adquisición de habilidades de vida independiente, servicio de asistencia personal, organización de talleres y seminarios, entre otros. Todos los servicios fundamentales que ofrece la organización de un CVI suelen ser gratuitos.

En España, comienzan a implantarse las Oficinas de Vida Independiente (en adelante, OVI), que vienen a ser similares al modelo organizativo diseñado en Estados Unidos. Una OVI tiene como objetivo empoderar a las personas con diversidad que la autogestionan y proveerles de AP. Es un espacio de ayuda entre iguales que trata de promover las herramientas legales, políticas y sociales para que la vida independiente sea posible. Las formas jurídicas de estas oficinas pueden ser diferentes, según el modelo de gestión (asociación, cooperativa, etc.). En la actualidad, se identifican distintas OVIs en diferentes ciudades españolas: Barcelona, Madrid, Galicia, Andalucía, Valencia, Zaragoza y Canarias. Todas estas OVIs, excepto la de Madrid (ubicada en ASPAYM, Asociación de Parapléjicos y Grandes Minusválidos Físicos), están integradas, a su vez, en la Federación de Vida Independiente (FEVI), que se crea en 2012, con el objetivo de promover que se hagan políticas que permitan el acceso a una vida independiente por parte de las personas con diversidad funcional.

A través de las OVI se han venido poniendo en marcha diferentes iniciativas que promueven la autonomía personal y la vida independiente de las personas con diversidad funcional. Asimismo, el movimiento asociativo de la diversidad funcional, a través de sus diferentes organizaciones, ha venido también a sumarse a la puesta en marcha de proyectos para la promoción de la autonomía personal. También las empresas privadas han encontrado una oportunidad para ofrecer servicios de AP. Aunque pueden entenderse todas estas iniciativas en el marco de la filosofía de vida independiente, su grado de adecuación a la misma ha sido desigual (Villa y Arnau, 2009). Si bien su valor es destacable, difícilmente alguna iniciativa haya logrado adaptarse plenamente al ideario de la filosofía de vida independiente.

3. La asistencia personal como apoyo clave para la vida independiente

3.1. Origen e implementación

Desde hace algunos años, se viene hablando de la crisis de los cuidados como un problema socioeconómico de primer orden, en los que el género tiene implicaciones importantes (Pérez, 2006). En medio de este panorama, se comienza a debatir la LAPAD, que se proyectaba como el cuarto pilar del Estado del bienestar. Además, se contaba con los postulados del Movimiento de Vida Independiente que, frente a los procesos de institucionalización a los que se han visto sometidas las personas con diversidad funcional y, sobre todo, aquellas con menor grado de autonomía personal, vino a liberar a esas personas de las instituciones, con el objetivo de que tuvieran una vida participativa en su comunidad.

Para llevar a cabo la vida independiente, la AP se configura como un elemento de apoyo clave, ya que permite que las personas con diversidad funcional puedan desarrollar sus propios proyectos de vida y hacer efectiva la vida independiente. En el ámbito jurídico español, esta figura quedó recogida explícitamente en la LAPAD, definiendo la AP como

> el servicio prestado por un asistente personal que realiza o colabora en tareas de la vida cotidiana de una persona en situación de dependencia, de cara a fomentar su vida independiente, promoviendo y potenciando su autonomía personal (artículo 2.7).

Desde el MVI, los activistas Rodríguez-Picavea y Romañach (2006) la definieron así:

> Un asistente personal es una persona que ayuda a otra a desarrollar su vida. El asistente personal es por tanto aquella persona que realiza o ayuda a realizar las tareas de la vida diaria a otra persona que, por su situación, bien sea por una diversidad funcional o por otros motivos, no puede realizarlas por sí misma (p. 1).

Estos acontecimientos permiten observar el cambio de modelo y el cambio legislativo que se están dando en España, pero no es de menor relevancia reflexionar sobre la evolución que se está observando también en las necesidades y demandas de las personas con diversidad funcional que, de un modo u otro, comprometen a una redefinición de las respuestas que se deben articular. En este sentido, la AP irrumpe en la esfera de la intervención profesional, como una propuesta más, aunque igualmente más novedosa, del catálogo de prestaciones de la LAPAD.

Es preciso aclarar que la AP es diferente a otro tipo de servicios encargados de la atención y cuidados a las personas con diversidad funcional, tales como los cuidados familiares y el servicio de ayuda a domicilio; prestaciones o servicios recogidos igualmente en la LAPAD. Los cuidados familiares quedan circunscritos al ámbito familiar y se basan en la buena disposición de ambas partes. La ayuda a domicilio es un servicio profesionalizado, en manos normalmente de una empresa, en la que la persona con diversidad funcional no elige al trabajador o trabajadora, y está orientado, sobre todo, a la realización de actividades básicas de atención personal para la vida diaria y las actividades de ayuda doméstica (Urmeneta, 2011). En cambio, la AP se recoge en la ley como una prestación económica (artículo 19), incluso podría decirse que es considerada como una de las más novedosas, a través de la cual la persona beneficiaria recibe una cuantía para contratar a un o una asistente personal, bien sea de forma directa o bien con una empresa o entidad gestora de este servicio, durante un número de horas, para desarrollar las funciones y tareas que se determinen por parte de la persona con diversidad funcional. En este caso, es la propia persona quien elige al trabajador o trabajadora.

Las tareas a desempeñar por un o una asistente personal pueden ser variadas y, en ocasiones, incluso imprecisas. Así, Suñe y Martínez (2015) recogen que

> pueden ser labores de acompañamiento, como realizar tareas tan específicas como pasar páginas, hacer la compra, conducir, tomar notas, marcar el teléfono, colocar cosas, limpiar, ayudar en la higiene personal, acompañar en el trabajo y un largo etcétera, que es imposible acotar (p. 21).

La imprecisión de definir unas tareas concretas se debe, precisamente, al principio de individualización que subyace tras esta prestación, pues cada persona, en función de sus características, tales como la edad, el género, las costumbres y rutinas, el momento personal por el que pasa, las aficiones, etc., concretarán unas u otras, siempre con el fin de poder llevar a cabo su propio proyecto de vida. A pesar de la imprecisión, Rodríguez-Picavea y Romañach (2006) hacen una clasificación que agrupan todas esas posibles tareas en ocho áreas: (1) tareas personales; (2) tareas del hogar; (3) tareas de acompañamiento; (4) tareas de conducción; (5) tareas de comunicación; (6) tareas de coordinación; (7) tareas excepcionales; (8) tareas especiales.

Tabla. 1. Diferencias entre los servicios de apoyos a las personas con diversidad funcional

Cuidados familiares	Ayuda a domicilio	Asistencia personal
Se conciben como cuidados informales, por no existir una relación profesional. Es un familiar (madre, padre, hermanos/as, etc.) quien presta los cuidados. Se prestan según la disposición y acuerdo entre ambas partes.	La ayuda se circunscribe, principalmente, al ámbito doméstico. Se centra en actividades de cuidado personal (higiene personal, alimentación) y tareas domésticas. Es un servicio profesionalizado. La persona no elige al trabajador o trabajadora.	La ayuda se presta en el domicilio o fuera de él, en interacción con el medio. La ayuda va con la persona. Se centra en actividades básicas de la vida diaria y/o actividades instrumentales para la vida diaria (apoyo en la educación, empleo, ocio, etc.). La persona autogestiona el servicio contratando directamente o a través de una empresa. La persona elige al trabajador o trabajadora.

Fuente: Elaboración propia

3.2. Situación de la asistencia personal en España

En España, la AP se ha incorporado de forma tardía con respecto a otros países europeos (Suecia, Noruega, Inglaterra o Irlanda) y, cuando se materializa en la LAPAD, lo hace con un carácter restrictivo, vinculada a la educación y el empleo. Esta restricción impregna, a esta prestación, de una visión reduccionista con respecto al espíritu que plantea la *Convención Internacional de los derechos de las personas con discapacidad*, la cual plantea, en su artículo 19, el derecho a vivir de forma independiente y a ser incluido en la comunidad. La inclusión en la comunidad no se reduce a la educación y el empleo, sino que incluye también actividades sociales, de ocio, deportivas, culturales, etc.

Aún hoy en día sigue siendo una prestación desconocida y se presenta como un desafío en el avance por la igualdad de oportunidades. Algunas investigaciones coinciden en afirmar que

> la AP en España es un recurso marginal dentro de los servicios y prestaciones utilizados para atender a las personas en situación de dependencia, en general, y a las personas con diversidad funcional, en particular (López-Pérez y Álvarez-Nieto, 2020, p. 28).

Además, si se hace el análisis según el tipo de diversidad funcional, se comprueba que la AP la reciben, sobre todo, las personas con diversidad funcional física, siendo escasamente representada en el caso de la diversidad funcional intelectual, si bien la LAPAD la recoge como una prestación dirigida a todas las personas, sin importar sus necesidades de apoyo. Es por ello que la AP sigue siendo una reivindicación constante por parte del FVID, si bien en los últimos años se está sumando el movimiento asociativo a esta reivindicación. Como se muestra en la tabla 2, el número de personas beneficiarias de AP es aún escaso, en comparación con el conjunto de prestaciones reconocidas en la LAPAD. La AP representa un 0,53%, frente al 29,37% de la prestación por cuidados familiares o del 9,69% de la atención residencia. Esto viene a evidenciarnos que persiste el modelo asistencialista, siendo, por tanto, necesaria una apuesta por el fomento de la autonomía personal y la vida independiente.

Tabla 2. Nº de personas beneficiarias de prestaciones recogidas en la LAPAD

Comunidad Autónoma	Nº personas	Ayuda a domicilio	Centros Día/ Noche	Atención residencial	Prestación cuidados familiares	Prestación Asistencia Personal
Andalucía	279.070	152.273	14.474	27.514	4.690	11
Aragón	39.671	5.333	1.704	3.860	8.283	0
Asturias, Principado de	30.221	7.383	2.276	3.760	4.072	18

Comunidad Autónoma	Nº personas	Ayuda a domicilio	Centros Día/ Noche	Atención residencial	Prestación cuidados familiares	Prestación Asistencia Personal
Balears, Illes	28.700	2.164	1.659	2.939	799	0
Canarias	39.639	681	5.634	4.842	13.613	0
Cantabria	17.466	1.493	2.002	4.829	170	0
Castilla y León	120.214	22.352	8.106	8.373	51.352	2.182
Castilla La Mancha	69.984	15.862	3.498	12.124	9.864	21
Cataluña	199.875	34.157	13.592	38.747	23.926	98
Comunitat Valenciana	140.566	4.924	9.015	14.075	21.567	479
Extremadura	34.508	981	2.186	4.940	18.357	0
Galicia	73.023	25.616	8.687	7.124	14.511	126
Madrid, Comunidad de	173.387	49.349	17.431	24.031	25.370	84
Murcia, Región de	39.648	3.235	4.059	5.005	1.273	3
Navarra, Comunidad Foral de	15.742	1.028	633	2.456	2.731	34
País Vasco	66.938	5.777	7.472	13.046	1.356	6.812
Rioja, La	9.002	3.829	1.298	1.962	934	0
Ceuta y Melilla	3.297	1.135	63	195	4	0
TOTAL	**1.380.951**	**337.572**	**103.789**	**179.822**	**545.280**	**9.868**

Fuente: Imserso - SAAD, datos a fecha 30 de septiembre de 2023

El desconocimiento de esta prestación entre las propias personas con diversidad funcional, entre los y las profesionales y entre la ciudadanía en general, la confusión con otras figuras como las de cuidador/a o auxiliar de ayuda a domicilio, la falta de facilidades por parte de la administración (por ejemplo, trabas administrativas a la hora de justificar los contratos y los pagos), así como la falta de voluntad política para darle un empuje a esta prestación, están detrás de esa escasa representatividad en el número de personas que la reciben (Urmeneta, 2011). Y todo ello, a pesar de los beneficios demostrados que esta prestación reporta hacia las personas con diversidad funcional, sus familias, las administraciones y la sociedad en su conjunto. Por cada euro invertido en el servicio de AP se consigue un retorno de 3,62 € (Iáñez-Domínguez, Aranda y García, 2018).

Para finalizar, apuntar que, si bien el y la asistente personal es una persona que realiza su trabajo de forma profesional y remunerado, no existe en el ordenamiento jurídico español una regulación laboral específica de dicha figura ni tampoco está definida su cualificación profesional, a pesar de su auge en los últimos años, lo que dificulta poder formalizar la contratación laboral entre la parte y la contraparte de forma directa. Esta situación obliga a la persona con diversidad funcional a recurrir a empresas o entidades prestadoras de servicios, o tendría que estar el o la asistente personal dado de alta como autónomo para prestar sus servicios. Por otro lado, ha surgido el debate sobre la formación que se debe tener para ejercer de AP, sin que haya sido resuelto. Se discute tanto la duración como los contenidos que debería contemplar esa formación. Por un lado, hay quienes apuestan por una amplia formación, frente a aquellas que consideran que sería suficiente con un conocimiento básico sobre vida independiente y AP (López-Pérez y Álvarez-Nieto, 2020).

4. La intervención a partir de los deseos y las preferencias de las personas

El movimiento de vida independiente otorga el poder para la toma de decisiones a las propias personas con diversidad funcional, poniéndolas en el centro y considerándolas como sujetos activos. De ahí que la AP se entienda como un servicio autogestionado por las propias personas con diversidad funcional, es decir, por la capacidad de empoderamiento personal que ello implica. Esto supone un cambio significativo en la manera de entender la intervención profesional, acostumbrados los y las profesionales a realizar diagnóstico y propuestas orientadas a definir "que es lo mejor o cual es la solución más adecuada" por el bien de la persona con la que trabaja.

La LAPAD se viene gestionando, desde el punto de vista más pragmático, por los y las profesionales del trabajo social, en la mayoría de los territorios, tratando de ofrecer respuestas adaptativas a las necesidades de las personas con diversidad funcional. Sucede que las necesidades se pueden definir desde la percepción de la persona o desde la persona experta, es decir, siguiendo a Bradshaw (1972), se estaría haciendo referencia a las necesidades sentidas o las necesidades normativas. Es fácil recoger la opinión de la persona sin que ésta sea vinculante, por consiguiente, impera la normatividad al estar basada en los conocimientos técnicos y científicos de una disciplina. Así, se hace mención especial al Trabajo Social, precisamente, por la capacidad de sus profesionales para generar cambios y, en concreto, para promover e implementar la autonomía personal y la vida independiente.

La relación que establezcan los y las profesionales con las personas con diversidad funcional debe ser horizontal. Por ello, más que un saber científico, es necesario saber implicar y empoderar a las personas en su propia realidad. Salcedo (1998) señala que

> el cliente ha de ser tratado en cualquier circunstancia como una persona; es decir un agente racional capaz de actuar y pensar por sí mismo (...). Respetar a una persona implica respetar lo que hace, aceptar sus razones, comprender sus intenciones e intentar ver el mundo como ella lo ve (...). Esto conduce finalmente al reconocimiento de que la autonomía de preferencias y deseos es la propiedad moralmente más valiosa para los seres humanos (p. 8-9).

Sin embargo, las intervenciones han estado y siguen marcadas, en cierta forma, por esa misma tradición histórica, por un enfoque de *arriba-abajo*, es decir, se parte de un saber técnico y científico por parte del profesional, que es el que dirige la intervención. De aquí que el modelo social de vida independiente se separe de "los profesionales que anteponen los aspectos técnicos a las voluntades de las personas a las que atienden" (Vidal, 2003, p. 35).

Asimismo, frente al rol social de "paciente/cliente" que otorga el modelo médico-rehabilitador a la persona con diversidad funcional, el modelo de vida independiente instaura el concepto de "consumidor" (Dejong, 1979). Es decir, son personas con capacidades para realizar actividades, participar y consumir en la sociedad, así como mantener una vida independiente. Por ello, lo que se cuestiona son las condiciones y las relaciones profesionales que se establecen, y se quiere poner en valor la importancia de que se escuchen sus voces y buscar una participación más activa en las decisiones que se tomen y que les afectan a ellas. Desde el postulado del movimiento de vida independiente, las personas con diversidad funcional se representan y deciden por sí mismas.

Por todo ello, se quiere proponer la planificación centrada en la persona (en adelante, PCP) como ejemplo de buena práctica y conexión con los principios de la filosofía de vida independiente, colocando a la persona en el centro de la intervención, con la pretensión de llegar a conocer lo que es deseable para ella y hacerlo posible (Arellano y Peralta, 2015). Esta metodología está basada en el principio de individualización. Es decir, respeta la singularidad y dignidad de cada persona, ya que cada ser tiene sus propios intereses, necesidades y deseos. Esta forma de mirar las diversidades funcionales requiere un cambio profundo en la manera de concebir la intervención social. Este cambio depende, en gran medida, de la implicación de los y las profesionales y, a su vez, de las políticas públicas, que son quienes deben generar las estructuras y condiciones para que ello sea posible.

5. Conclusiones

En este capítulo, hemos visto cómo muchas personas con diversidad funcional han estado institucionalizadas durante años y, aún en la actualidad, hay quienes se ven obligadas, por tener una diversidad funcional, a acudir a una residencia por falta de cuidados, atención y apoyos en su propio domicilio. Sin embargo, la institucionalización no es el *modus operandi* de la mayoría de las personas como opción de vida.

El movimiento de vida independiente será quien trabaje para liberar a las personas de las instituciones, reivindicando el derecho a vivir independiente y llevar a cabo una vida digna. Es así que el MVI ha impulsado una renovada representación del movimiento de personas con diversidad funcional, superando la imagen tradicional que configuraba un colectivo estigmatizado y victimizado.

La AP se presenta como una alternativa y elemento clave para la desinstitucionalización y emancipación, bajo los principios y postulados del Movimiento de Vida Independiente. Sin embargo, se ha podido comprobar que su implementación en el contexto español es lenta, persistiendo discursos que aluden a los factores económicos como una de las dificultades para su implementación, si bien otros recursos son igualmente costosos y, por el contrario, han tenido mayor desarrollo y menor cuestionamiento.

Finalmente, para empoderar y hacer posible que las personas con diversidad funcional tomen sus propias decisiones, la PCP se presenta como una buena práctica que conecta con los principios de la filosofía de vida independiente. Es por ello que se precisa que los y las profesionales, en concreto desde el trabajo social, se impliquen en esta metodología, reconociendo que los deseos y preferencias de las personas es un valor moral de todo ser humano.

Lecturas recomendadas

Arellano, A. y Peralta, F. (2015). La planificación centrada en la persona: un ejemplo de buena práctica en el ámbito de la discapacidad intelectual. *Contextos Educativos. Revista de Educación, 19*, 195-212. https://doi.org/10.18172/con.2754

El artículo presenta un ejemplo de planificación centrada en la persona (PCP), como buena práctica para la toma de decisiones en personas con diversidad funcional intelectual, en la que es preciso que los y las profesionales participen y se impliquen en los cambios que esta práctica requiere.

Iáñez-Domínguez, A., Aranda, J. L. y García, J. (2018). Impacto económico y social de la asistencia personal a través de la metodología del Retorno Social de la Inversión. *Revista Española de Discapacidad, 6* (II), 81-102. https://www.cedid.es/redis/index.php/redis/article/view/425/pdf_122

El artículo muestra los resultados de una investigación que ha medido el impacto económico y social de un proyecto sobre vida independiente. De los resultados obtenidos se desprenden los beneficios de la AP en la vida de las personas con diversidad funcional, sus familias y en las administraciones.

Lopéz, M. y Ruiz, S. (2020). Desde el Movimiento de Vida Independiente hasta la asistencia personal: los derechos de las personas con diversidad funcional. *RIPS: Revista de Investigaciones Políticas Y Sociológicas, 19*(2), 67-84. https://doi.org/10.15304/rips.19.2.6946

El artículo aborda, por un lado, el nacimiento y expansión del Movimiento de Vida Independiente y, por otro, la AP como un recurso para la emancipación de las personas con diversidad funcional.

Actividades de repaso

1. Visualizar el documental "Crip Camp" (http://forovidaindependiente.org/crip-camp-a-disability-revolution/) y explicar cómo surge la lucha por los derechos civiles de las personas con diversidad funcional en Estados Unidos.
2. Analizar las estadísticas de las prestaciones concedidas en el SAAD (https://imserso.es/documents/20123/3515174/estsisaad_20230930.pdf/4b8dd0aa-0799-4584-13cc-64a283ae5616), haciendo especial énfasis en la prestación de AP, y hacer una reflexión personal.
3. Realizar una búsqueda de información (documental, audiovisual, radiofónica, etc.), con el objetivo de identificar alguna experiencia sobre asistencia personal.

Ejercicios de autoevaluación

1. ¿Qué cambios ha promovido el Movimiento de Vida Independiente en la manera de concebir el tratamiento a las personas con diversidad funcional?
2. ¿Qué ha aportado el Foro de Vida Independiente y Divertad al sector de la diversidad funcional, en el panorama español?
3. ¿Cuáles son las diferencias entre la asistencia personal y otro tipo de prestaciones dedicadas a la atención, apoyo y cuidados de las personas con diversidad funcional?
4. ¿Cuáles son las fortalezas y las debilidades de la asistencia personal en España?
5. ¿Qué estrategias de intervención se pueden llevar a cabo para que las personas con diversidad funcional sean sujetos activos de derecho y no objetos pasivos de las acciones profesionales?

Resumen

El Movimiento de Vida Independiente surge en Estados Unidos, en los años sesenta, como alternativa al modelo médico-rehabilitador, en el marco de la lucha por los derechos civiles. Hoy en día, este movimiento ha logrado expandirse por todo el mundo, reconociéndose el derecho a vivir de forma independiente en la Convención Internacional sobre los Derechos de las personas con discapacidad. En España, se crea, en 2001, el Foro de Vida Independiente y Divertad, aportando nuevos discursos y nuevas prácticas a la realidad de las personas con diversidad funcional.

Para llevar a cabo la vida independiente, la asistencia personal se convierte en un elemento de apoyo clave para que cada persona con diversidad funcional pueda tomar sus propias decisiones y desarrollar su proyecto de vida. En España, esta prestación se ha incorporado de forma tardía con respecto a otros países europeos, concretándose en la ley 39/2006, de promoción de la autonomía personal y atención a personas en situación de dependencia (LAPAD). A pesar de que es una prestación poco representada y promocionada, las investigaciones demuestran los beneficios que aporta a las personas con diversidad funcional, a sus familias y a las administraciones, frente a otras medidas de corte más asistencial y proteccionista.

En muchos territorios españoles, los y las profesionales del trabajo social son quienes están gestionando la LAPAD, tratando de dar respuestas adaptativas a las necesidades de las personas con diversidad funcional. Las diferentes maneras de concebir la intervención desde el trabajo social, marca la diferencia a la hora de promocionar la vida independiente. Por ello, se propone una intervención a partir de los deseos y preferencias de las personas, considerándolas sujeto de derecho. Esto implica un trabajo individualizado de identificación de sus necesidades y de facilitar las herramientas, los recursos y los apoyos necesarios para que puedan llevar una vida independiente y participar plenamente en la sociedad.

Glosario

Diversidad funcional: término creado por las personas activistas del Foro de Vida Independiente y Divertad, como nueva manera de nombrar a este sector de población de forma no despectiva, es decir, alejándose de todos esos términos (discapacidad, minusvalía, deficiencia, etc.) con connotaciones negativas.

Vida independiente: situación en la que la persona con diversidad funcional ejerce su capacidad para decidir, de manera libre o con los apoyos adecuados, su lugar de residencia y con quien vivir, teniendo el control sobre su vida en igualdad de condiciones que cualquier otro ciudadano o ciudadana.

Autonomía física: capacidad individual para realizar las actividades de la vida diaria de manera físicamente autónoma (p. e., cuidado personal, actividades domésticas, movilidad, etc.).

Autonomía moral: capacidad de cada persona para tomar las decisiones sobre su propia vida, teniendo pleno control sobre qué, cuándo, cómo y con quien quiere hacer sus actividades o planes.

Asistencia personal: servicio realizado por un o una asistente personal que presta el apoyo necesario en aquellas actividades de la vida diaria, que la persona con diversidad funcional no puede realizar por sí misma, con el fin de que lleve a cabo su proyecto de vida y hacer efectiva la vida independiente.

Asistente personal: persona profesional encargada de prestar el servicio de asistencia personal, realizando o colaborando en las tareas y actividades que la propia persona con diversidad funcional necesita en su día a día.

Planificación centrada en la persona: metodología a través de la cual la persona, a través de los apoyos que precise, formula su propio plan de vida personal, basado en sus preferencias y deseos.

Bibliografía

Arellano, A. y Peralta, F. (2015). La planificación centrada en la persona: un ejemplo de buena práctica en el ámbito de la discapacidad intelectual. *Contextos Educativos. Revista de Educación, 19,* 195-212.

Arnau, S. (2006). Ley de la "In-Dependencia": Pasos necesarios para garantizar un nuevo Derecho de Ciudadanía. *Lan harremanak: Revista de relaciones laborales, 15,* 41-64.

Bradshaw J. (1972). Taxonomy of social need. En Mc. Lchlan, G. (Ed.) *Problems and progress in medical care.* London Oxford University Press

Dejong, G. (1979). *The Movement for Independent Living: Origins, Ideology and Implications for Disability Research.* East Lansing: Michigan State University Press

Gusfield, J., Laraña, E. y Johnston, H. (1994). Identidades, ideologías y vida cotidiana en los nuevos movimientos sociales. En J. Gusfiel y E. Laraña, *Los nuevos movimientos sociales: De la ideología a la identidad,* (pp. 3-42). Centro de Investigaciones Sociológicas

Iáñez-Domínguez, A., Aranda, J. L. y García, J. (2018). Impacto económico y social de la asistencia personal a través de la metodología del Retorno Social de la Inversión. *Revista Española de Discapacidad, 6* (II), 81-102.

López-Pérez, M. y Álvarez-Nieto, C. (2020). La asistencia personal en España. Perspectiva de sus protagonistas: personas beneficiarias, responsables de la asistencia personal de las entidades proveedoras y asistentes personales. *Trabajo Social Global - Global Social Work, 10*(19), 224-256.

Maraña, J. J. (2004). *Vida independiente. Nuevos modelos organizativos.* Asociación Iniciativas y Estudios Sociales

Organización de las Naciones Unidas (ONU) (2006). *Convención Internacional sobre los Derechos de las Personas con Discapacidad.*

Organización de las Naciones Unidas (ONU) (2017). *Observación general núm. 5 sobre el derecho a vivir de forma independiente y a ser incluido en la comunidad.*

Palacios, A. y Romañach, J. (2006). *El modelo de la diversidad. La Bioética y los Derechos Humanos como herramientas para alcanzar la plena dignidad en la diversidad funcional.* Diversitas

Pérez, A. (2006). Amenaza tormenta: la crisis de los cuidados y la reorganización del sistema económico. *Revista de Economía Crítica, 1* (5), 8-37.

Rodríguez-Picavea, A. y Romañach, J. (2006): *Consideraciones sobre la figura del asistente personal en el proyecto de ley de promoción de la autonomía personal y atención a las personas en situación de dependencia.*

Romañach, J. (2012). Ética y derechos en la práctica diaria de la atención a la dependencia: Autonomía moral vs autonomía física. En A. Pié-Balaguer (Ed.), *Deconstruyendo la dependencia: Propuestas para una vida independiente* (pp. 47-74). UOC.

Romañach, J. y Lobato, M. (2005). Diversidad funcional, nuevo término para la lucha por la dignidad en la diversidad del ser humano.

Salcedo, D. (1998). *Autonomía y bienestar. La ética del trabajo social.* Comares

Suñe, A. y Martínez, I. (2015). La figura del asistente personal. En E. Ortega (coord.): *Situación de la asistencia personal en España.* Predif.

Urmeneta, X. (2011). *Vida independiente y asistencia personal. La experiencia de Gipuzkoa.*

Vidal, J. (2003). *El movimiento de vida independiente. Experiencias Internacionales.* Fundación Luis Vives

Villa, N. y Arnau. S. (2009). Iniciativas de vida independiente en España: pasos para alcanzar un derecho humano. En *Actas del VI Congreso Internacional de Filosofía de la Educación* (pp. 405-422). Universidad Complutense de Madrid.

El trabajo social, una pieza fundamental en la promoción de la autonomía y la toma de decisiones de las personas con discapacidad intelectual

JOAN MOYÀ-KÖHLER
Universitat Autònoma de Barcelona. Departamento de Psicología Social.
ÓSCAR MARTÍNEZ-RIVERA
Facultad de Educación Social y Trabajo Social Pere Tarrés. Universidad Ramon Llull.

Guion

Objetivo central

El capítulo explora el papel de los apoyos desde el trabajo social para personas con discapacidad intelectual en el marco actual de derechos y desinstitucionalización.

Objetivos del capítulo

- Dar a conocer la importancia de las decisiones sobre la propia vida para el desarrollo personal de las personas con discapacidad intelectual.
- Exponer las tensiones que se producen dando apoyo a las decisiones vitales de las personas con discapacidad intelectual.
- Ofrecer recursos de reflexión y debate previos a la práctica profesional del trabajo social en atención a la dependencia.

Conceptos clave: Discapacidad intelectual, toma de decisiones, apoyos, autonomía, vivienda, vida independiente.

1. Introducción

A lo largo de los últimos cincuenta años son muchos los cambios acontecidos respecto a las formas de pensar o concebir la discapacidad. Dicha evolución ha generado un cambio también en las prácticas y aproximaciones que se han desarrollado desde el terreno profesional. Es en este marco que se inscribe el presente capítulo. Específicamente, nos preguntamos cómo podemos apoyar o acompañar la toma de decisiones de personas con discapacidad intelectual en un ámbito en el que, precisamente, la capacidad de tomar "buenas decisiones" queda constantemente en entredicho.

El capítulo parte del cambio que en los años setenta supuso la llegada del modelo social de la discapacidad. Se pasó de un planteamiento centrado en pensar el sujeto con discapacidad como un sujeto "incapaz" sobre el que se debe trabajar, a un paradigma basado en los derechos y que entiende la discapacidad como el resultado de relaciones de opresión en el seno de una sociedad que discapacita. Este cambio fundamental ha puesto sobre la mesa la necesidad de atender elementos como el derecho a decidir sobre la propia vida y facilitar nuevas formas de autonomía.

Sin embargo, estas formas de pensar la autonomía y el derecho a una vida en la que la propia persona con discapacidad decide y dirige, entran en tensión cuando las ponemos en práctica en el campo de la discapacidad intelectual, porque siguen estrechamente ligadas a la capacidad personal e intransferible de poder decidir por uno mismo. Tomar decisiones a lo largo de la vida es un proceso complejo, pues nunca es un elemento unívoco e individual, sino que está constantemente mediado por elementos de carácter social-cultural, interpersonal, relacional y material. Por tanto, este proceso debe ser abordado de manera cuidadosa, y encontrar formas responsables y no invasivas de acompañar personas sobre las que, históricamente, otras personas han tomado decisiones vitales. Atendiendo sus deseos, pero también su entorno y sus relaciones.

Si partimos de nuestra experiencia diaria desde el trabajo social, veremos cómo la capacidad de decidir y la autonomía no son un "estado" vinculado únicamente a la capacidad (o falta de capacidad) de un individuo o un cuerpo. Por el contrario, están intrínsecamente relacionadas con el desarrollo de la vida social, los factores materiales, económicos y emocionales, las personas, las circunstancias y las prácticas de cuidado, entre muchos otros elementos. En definitiva, decidir y ser una persona autónoma siempre es un elemento relacional. No es algo que se tenga de forma inherente, sino que requiere un esfuerzo sostenido y se construye a través de un entramado en el que la profesional de apoyo desempeña un papel fundamental.

Entonces, ¿cómo se promueve y sostiene la capacidad de decidir sobre la propia vida en un campo en el que se cuestiona la capacidad de las personas para tomar decisiones acertadas? Y, ¿cuál es el papel de la trabajadora social en estos entramados? Para responder a estas preguntas, el capítulo parte de un ámbito específico: el apoyo en el ámbito de la vivienda, que nos servirá de espacio paradigmático para reflexionar sobre las formas de acompañamiento para con el colectivo de la discapacidad intelectual.

2. Contexto histórico y llegada del paradigma de los derechos

En este primer punto abordamos una aproximación contextualizada a los cambios que históricamente han marcado el campo de la discapacidad intelectual

2.1. Contexto histórico de la discapacidad intelectual

2.1.1. La institucionalización de la discapacidad intelectual

Lo que hoy en día entendemos por discapacidad intelectual surge de siglos de discusiones políticas, religiosas y médicas en torno a este colectivo de personas, a quienes históricamente se ha considerado incapaces de gobernarse a sí mismas. Esta consideración ha facilitado que durante gran parte de la historia fueran tratadas con temor, desprecio y/o compasión. Durante la Edad Media, por ejemplo, las creencias religiosas y supersticiones llevaron a la convención de que las discapacidades eran el resultado de posesiones demoníacas o castigos divinos. Esto a menudo resultaba en la marginación y la segregación del colectivo.

La institucionalización de las personas con discapacidad intelectual ganó fuerza en los siglos XVII y XVIII, con el surgimiento de asilos y hospitales mentales (Foucault, 2015). Instituciones que no pretendían ser un espacio de paso, sino uno definitivo, pues la consideración de quienes en aquella época eran definidos como "idiotas" era la de inalterabilidad. Las personas que nacían como "idiotas" morían como tales; una condición natural e inmutable que merecía ser confinada.

2.1.2. El desarrollo del modelo médico y rehabilitador en el ámbito de la discapacidad intelectual

La percepción de la discapacidad intelectual comenzó a cambiar lentamente durante los siglos XIX y XX con los avances en la comprensión médica y psicológica. Antes del siglo XIX, muy poco se había escrito sobre este colectivo en el campo de la medicina. Este interés científico conllevó la llegada de los primeros métodos y programas de educación e integración de personas con discapacidad intelectual. Se pasaba de un paradigma basado en la "condición natural e inmutable", a una aproximación basada en la posibilidad de cambio, de mejora —entendida como una disposición cada vez más normalizada— de estas personas; llegaba el modelo médico-rehabilitador (para una ampliación de este punto se puede ver Wright, 2011).

Campos como la pedagogía, el trabajo o la educación sociales se ocuparían de estas vidas. Trabajando de forma conjunta con otros ámbitos como la medicina o las ciencias psi, —como la psicología experimental—, que aparecen en el campo de la discapacidad intelectual con la llegada de la Ilustración. A partir de este momento histórico, el universo se vuelve racional y cognoscible y, por lo tanto, experimentable, al igual que el comportamiento humano, con leyes y entornos que pueden estudiarse y manipularse.

El legado de la Ilustración sería ambiguo en lo que respecta a la discapacidad intelectual, ya que marcaría el inicio histórico del pensamiento sobre el "idiota" como aquel que tiene la posibilidad de ser educado, pero al mismo tiempo mantiene la consideración de subhumanos para el colectivo de personas con discapacidad, sin la posibilidad de alcanzar un estatus reconocido en sociedad.

Este trabajo de entrenamiento y tratamiento de personas con discapacidad a menudo está relacionado con el estudio de Jean-Marc-Gaspard Itard en Francia, con el caso del ""niño salvaje de Aveyron"" en 1801, que se considera el primer caso de atención a personas con discapacidad intelectual, resaltando las posibilidades de ""rehabilitación"" y poniendo en marcha un programa de entrenamiento de habilidades. Por tanto, los dos grandes cambios que se experimentan durante la modernidad en el ámbito de las personas con discapacidad intelectual están relacionados, por un lado, con la posibilidad de mejora y, por otro lado, estrechamente ligado al primero, con la necesidad de conocer y medir, es decir, la posibilidad de evaluar la discapacidad.

2.1.3. La intensificación de la mirada biomédica

A pesar del cambio gradual, las condiciones de vida de las personas con discapacidad intelectual no pasarían necesariamente a ser mejores. En la segunda mitad del siglo XX, persistió su confinamiento en grandes instituciones, y los avances médicos propiciaron la experimentación en este grupo. Los discursos biomédicos y los estudios científicos configuraron nuevas formas de estigmatización de la discapacidad intelectual, presentándolo, incluso, como una amenaza para el desarrollo de la humanidad.

Esta deriva llevó al desarrollo científico de lo que se conoce como la eugenesia, una disciplina que abogaba por la mejora de la raza a través de la selección y el control de la reproducción, que también influyó en la percepción y el tratamiento de las personas con discapacidad. Esto llevó a la esterilización forzada y, en algunos casos extremos, al genocidio[1] de personas con discapacidad.

A partir del final de la Segunda Guerra Mundial el modelo que se consolidaría es el modelo médico-rehabilitador, que en el ámbito de la discapacidad intelectual supondría la configuración, presente aún hoy, de un marco de acción a través de conceptos como la rehabilitación y la capacitación.

2.1.4. El Movimiento de la Vida Independiente, un cambio de paradigma

Hasta mediados del siglo XX, muchas personas con discapacidad continuaron siendo internadas en instituciones, a menudo viviendo en condiciones deplorables. Las voces que abogaban por el cambio comenzaron a surgir en este período. En 1960 y 1970, el movimiento de derechos civiles en Estados Unidos influyó en la conciencia pública sobre la discriminación y la necesidad de igualdad para todas las personas, incluidas las personas con discapacidad. Nacía el Movimiento de la Vida Independiente (ver Oliver y Barnes, 2012).

Este movimiento experimentaría una rápida expansión en los Estados Unidos y llegaría a Europa a través del Reino Unido, en los que viviría un desarrollo un tanto distinto. En los EEUU, la lucha por los derechos se pensaba en relación con los ideales del capitalismo de mercado debido a la estructura sociocultural del país. Desde el Movimiento, actuaron como grupo de presión, buscando espacios de gestión propios, alternativos al E estado. Por otro lado, en su desarrollo en el Reino Unido, en el contexto de una sociedad con un Estado de Bienestar que debería garantizar los derechos, la estrategia se centró en lograr cambios legislativos y que el Estado se convirtiera en garante de los derechos del colectivo para superar las desventajas y las barreras elevadas experimentadas por las personas con discapacidad.

2.2. La llegada del paradigma de los derechos al campo de la discapacidad intelectual

En este contexto de cambios, a lo largo de los años sesenta y setenta, las condiciones en las instituciones totales de encierro, como asilos o psiquiátricos, comenzaron a recibir más atención y críticas. Los informes sobre abusos, negligencia y condiciones inhumanas sacaron a la luz las injusticias que enfrentaban las personas con discapacidad intelectual en estas instituciones (un caso paradigmá-

---

1 Seguramente el momento cumbre sería durante el Holocausto nazi y el programa de exterminio Aktion-T4. Con este programa, entre 70,000 y 95,000 adultos con discapacidad intelectual fueron exterminados, así como más de 5,000 niños.

tico se puede encontrar en relación con la escuela de Willowbrook[2]). A medida que la conciencia pública aumentaba, se produjeron cambios graduales.

En la década de 1970, estos cambios permitieron que el movimiento para la desinstitucionalización ganara impulso. Este movimiento abogaba por cerrar las instituciones y permitir a las personas con discapacidad intelectual su acceso normalizado a entornos comunitarios. En los países del norte de Europa este cambio fue especialmente importante. Así, en el caso de Suecia, gracias a la presión de grupos sensibilizados, en 1967 se desarrolló una ley para evitar la segregación y el internamiento. Así, el gobierno sueco apostó por introducir a estas personas en la vida comunitaria y elaboró un plan para cerrar las instituciones segregadoras. La normalización se convirtió en un principio estructural del estado, impactando en la educación, la comunidad y el mercado laboral.

A medida que se cerraban instituciones y se promovía la vida comunitaria, surgieron enfoques más centrados en la promoción de la autonomía y la inclusión en la comunidad. En este sentido, uno de los referentes en el campo de la discapacidad intelectual fue el desarrollo teórico del llamado "principio de normalización" que, partiendo de lo que estaba pasando en Escandinavia, cobró fuerza en la década de 1970 con los trabajos de Wolfensberger, un psicólogo norteamericano que abogaba por situar a estas personas en espacios "lo más normalizados posibles". Este trabajo desembocaría más tarde en el desarrollo de la teoría de roles sociales valorados positivamente, conocida como *Social Role Valorisation.* Esta teoría se define por la creación, defensa y apoyo de roles sociales que se identifican como devaluados en el caso de las personas con discapacidad intelectual.

Así, a mediados de los años ochenta y noventa comenzaron a desarrollarse programas específicos en este sentido en relación con la discapacidad intelectual, especialmente en Estados Unidos y el Reino Unido, siguiendo los postulados del "modelo normalizador" de Wolfensberger, que impregnaron la mayoría de estas propuestas. En el campo de la discapacidad intelectual la vivienda se convirtió en el elemento central de esta lucha, ya que vivir en espacios normalizados, en una casa, se presentaba como el camino más directo para lograr una identificación con el resto de la población y permitir que las personas con discapacidad intelectual fueran consideradas como miembros de la comunidad.

En el caso español, con el cambio de siglo, el paradigma de la Vida Independiente y la lucha por los derechos de las personas con discapacidad intelectual

---

2 Willowbrook fue un hospital en Nueva York para personas con discapacidad intelectual, alcanzó triste notoriedad en las décadas de 1960 y 1970 debido a sus condiciones inhumanas y prácticas de experimentación, revelando la realidad oculta de estos entornos institucionalizados e impulsando debates públicos sobre la imperativa necesidad de clausurar tales centros, como se puede ver en el documental "Crip Camp: A Disability Revolution" (2020).

derivó en un auge de proyectos y propuestas en el que el centro de las decisiones es la propia persona con discapacidad intelectual (ver García-Santesmases, et al. 2022). Se conforman los primeros grupos de autogestores, los programas de vida independiente y de vida en el propio hogar (en sus distintas modalidades), así como la inclusión de formas para que las personas con discapacidad puedan decidir en su día a día.

3. Las tensiones para articular el derecho a decidir sobre la propia vida en el campo de la discapacidad intelectual

Vemos cómo el desarrollo de un marco basado en el derecho a decidir sobre la propia vida ha tomado un camino un tanto idiosincrático en el campo de la discapacidad intelectual, que ha trabajado de forma distinta la articulación de estas teorías y se ha conformado especialmente mediante el espacio de la vivienda, cruzando el desarrollo teórico del modelo social de la discapacidad que recordemos parte del Movimiento de la Vida Independiente, con aproximaciones propias del ámbito como *el principio de normalización* o el *rol socialmente valorado.* Esto se debe a las dificultades que el desarrollo teórico del derecho a la vida independiente o a la posibilidad de decidir sobre la propia vida ha tenido para con un ámbito en el que esta capacidad de decidir queda discutida.

En este punto pretendemos explicar, por un lado, los elementos que fundamentan la propuesta del derecho a decidir sobre la propia vida y el modelo social de la discapacidad, y por el otro, el por qué esta propuesta no encuentra un encaje fácil en el ámbito de la discapacidad intelectual.

3.1. El modelo social de la discapacidad

En este punto no entraremos a explicar de forma pormenorizada el modelo social de la discapacidad (y sus derivados), pues esta empresa ya se ha abordado en capítulos anteriores, pero nos parece interesante recordar brevemente algunos de los postulados básicos que se sostienen desde este enfoque. Desde aquí, los cuatro elementos que queremos resaltar, para posteriormente problematizarlos, son los siguientes:

1. **Barreras sociales y ambientales:** El modelo social pone énfasis en que la discapacidad no es una cuestión médica, sino que las barreras físicas, comunicativas, legales y actitudinales de la sociedad son las que limitan la participación plena de las personas con discapacidad.
2. **Enfoque en la sociedad:** En lugar de considerar a la discapacidad como una característica individual, el modelo social dirige la atención hacia la

estructura y la cultura de la sociedad. Se trata de cambiar y eliminar aquellas barreras que impiden la inclusión y la participación de las personas con discapacidad en igualdad de condiciones.

3. **Derechos humanos e igualdad:** El enfoque se basa en la Convención sobre los Derechos de las Personas con Discapacidad de las Naciones Unidas, que establece que las personas con discapacidad tienen los mismos derechos humanos y libertades fundamentales que todas las demás personas. Esto implica la necesidad de garantizar su participación en todos los aspectos de la sociedad.
4. **Participación y autodeterminación:** El modelo social promueve la autonomía y la autodeterminación de las personas con discapacidad. Busca empoderarlas para que sean parte activa en la toma de decisiones que afecten sus vidas, y no solo objetos de intervenciones profesionales o asistencia.

3.2. La dificultad de articular el modelo social en la discapacidad intelectual

Para atender la dificultad de articular el modelo social en la discapacidad intelectual es importante centrarse en el tercer y cuarto punto que presentamos. La idea de la participación y la autodeterminación de las personas con discapacidad se articula principalmente sobre el derecho a decidir. Sin embargo, es precisamente esta capacidad de tomar "buenas decisiones" la que queda en entredicho en el ámbito de la discapacidad intelectual (ver Moyà-Köhler y Domènech, 2021).

Gran parte del problema parte del hecho que estos postulados se han desarrollado principalmente en el ámbito de la discapacidad física y por tanto se ha pensado desde esta posición, con poca atención a ámbitos como el de la discapacidad intelectual. Es por ello que los académicos y activistas de la discapacidad a menudo han recurrido a normas cognitivas de autonomía, es decir, a pensar la autonomía desde la capacidad de decidir de forma racional (ver Simplican, 2015), ligando la capacidad de decidir y actuar a un individuo autorregulado.

Para preservar este derecho a la toma de decisiones, y atender la complejidad que esta tiene en el ámbito, nuestra propuesta pasa por repensar algunos de los elementos que desde la Ilustración fundamentan la idea de "la decisión", y que, como hemos mencionado, a menudo han determinado las propuestas de académicos y activistas de la discapacidad. Para ello queremos presentar cinco cuestiones que, creemos, son importantes en relación con la toma de decisiones —no en exclusiva para personas con discapacidad intelectual, pues forman parte del orden de la toma de decisiones de cualquier persona—, y que pueden servir de punto de partida para repensar nuestra práctica profesional en este ámbito:

Tabla 1. Elementos clave de toma de decisiones

¿Es la decisión un elemento individual?	Las decisiones no son producto de un proceso racional e individual, sino que se basan en las relaciones que tenemos y se inscriben en las dinámicas y estructuras sociales en las que cada persona está inmersa.
¿Qué elementos afectan a la toma de decisiones?	La toma de decisiones abarca tanto aspectos tangibles como intangibles (Martínez-Rivera, et al. 2020). No se trata solo de consideraciones prácticas o materiales, que son importantes porque articulan nuestra realidad más directa y las posibilidades de configurar la propia vida, sino que también involucran cuestiones espirituales, éticas o morales.
¿Es la decisión un elemento puramente racional?	Las decisiones no siempre tienen una lógica objetiva. Las emociones, intuiciones y elementos subjetivos influyen y son importantes en el proceso de tomar decisiones. Debemos tomar en cuenta estas dimensiones.
¿Es decidir siempre explicable?	Las personas en algunas ocasiones pueden "decidir" y no poder, o no querer, explicitar esta decisión. Como profesionales debemos atender todas estas formas de decidir, mostrar preferencias o indicar deseos. También a aquellas formas no verbales o que pasan por la inacción (Moyà-Köhler, García-Santesmases, y Farré, 2023).
¿Es el tiempo un elemento importante en la toma decisiones?	Las decisiones pueden tener diferentes marcos temporales. Algunas requieren de más tiempo y otras pueden no requerirlo. Por otro lado, hay personas a las que les cuesta más tomar decisiones o simplemente necesitan más elementos para pensar y repensar su posición. En este sentido debemos respetar los diferentes tiempos y formas.

Fuente: Elaboración propia

4. Siete recomendaciones para el trabajo social con personas con discapacidad intelectual

Las profesionales de la intervención social trabajamos la mayor parte de las veces desde la complejidad de las situaciones en las que nos encontramos. Es imposible prever todas las posibilidades que emergen en nuestro día a día. Pero esto no significa que no debamos debatir sobre aquello que es probable que suceda. Hacerlo de manera colectiva nos llevará a mejorar nuestra práctica y además reducirá el estrés profesional.

4.1. Atender la dimensión social en la toma de decisiones

La toma de decisiones es un proceso complejo que tiene una dimensión social fundamental. De forma general las personas con discapacidad intelectual encuentran grandes dificultades para poder decidir cómo desarrollar su propia vida. En gran medida esto se debe a formas de opresión estructurales y la prevalencia de una sociedad organizada bajo principios capacitistas.

Es imperativo, por tanto, que el acompañamiento tome en cuenta estas formas de capacitismo en la organización social de la discapacidad intelectual —así como su cruce con otros ejes de opresión, como el género, la clase social, la edad o el origen (ver el capítulo sobre interseccionalidad)—, para facilitar desde aquí la posibilidad de una vida autónoma.

No es lo mismo contar o no con capacidad económica, tener un trabajo, ser una mujer con discapacidad intelectual que quiere vivir sola, el tipo de trabajo al que se puede acceder siendo hombre o mujer con discapacidad intelectual, o siendo además de origen migrante, etc. Pues es evidente que estos elementos afectan categóricamente las decisiones que se pueden tomar 'libremente'.

Para abordar efectivamente estas cuestiones, es esencial tener en cuenta estos distintos ejes de opresión y trabajarlos a dos niveles: A nivel personal debemos intentar ser críticos con nuestras formas de pensar o actuar el acompañamiento, para evitar reforzar estos sesgos. A nivel organizacional, debemos facilitar apoyo y recursos desde las instituciones —como asistencia en la vivienda, acceso a educación y al mercado laboral, etc.—, tratando de mejorar las condiciones materiales-sociales en las que se toman las decisiones.

4.2. Acompañar y promover la toma de decisiones

Como en cualquier actividad de la vida diaria de cualquier persona, la toma de decisiones es una actividad relacional, y en el caso que nos ocupa esto incluye de forma inseparable a las profesionales que forman parte del entorno de las personas con discapacidad intelectual. Esto supone estar atentas a las circunstancias que se dan en la vida de las personas. A menudo es difícil partir de cero en el acompañamiento de una decisión y ello puede llevarnos a condicionar el debate entre una opción u otra. Pero, como profesionales, es importante saber diferenciar entre nuestra opinión personal sobre las cuestiones a decidir, y aquello que puede resultar más importante para la persona que acompañamos. En este sentido debemos encontrar espacios tanto formales como informales para elaborar reflexiones y estrategias sobre elementos relevantes del día a día de las personas usuarias. Es importante conocer su forma de estar en el mundo y ser sensible a todo aquello que compone su vida, facilitando que puedan ir elaborando sus propios relatos y posiciones.

4.3. Proporcionar espacio y tiempo para la toma de decisiones

Una decisión no tiene un tiempo delimitado para ser tomada. Conviene que los espacios de toma de decisiones sean lugares seguros y que por lo tanto respeten los diferentes tiempos que necesiten las personas para sentirse convencidas ante una elección. En este sentido podemos pensar en la posibilidad de establecer espacios concretos de deliberación. Hay que tener presente que cada persona y cada circunstancia pueden requerir de espacios diferentes. Tanto una conversación en un comedor como un paseo pueden ser buenos espacios para acompañar en la toma de decisiones. En cualquier caso, lo que es importante, es que como profesionales sepamos tomar en cuenta la importancia del lugar valorando aspectos como la confidencialidad, calma, seguridad, etc.

4.4. Aportar información en formatos accesibles

El acceso a la información es un derecho. Partiendo de esta base, desde el trabajo social se debe garantizar que todo el proceso de decisión de las personas a las que acompañamos se rige bajo el principio de accesibilidad y, por tanto, de comprensión de la situación, de las posibilidades de decisión que se tienen, así como sus posibles repercusiones. Esto supone tener mecanismos que verifiquen que la persona realmente comprende todas las posibilidades y tiene en cuenta todas las repercusiones que puede suponer las medidas que tomen en sus vidas. Para ello debemos encontrar formas de comunicar adaptadas, formatos escritos, verbales o visuales que faciliten la comprensión de la toma de decisiones, así como los posibles efectos. Esta dimensión comunicacional, pero, debe atenderse en las dos direcciones, pues se deben facilitar formas sensibles para con las posibilidades de expresión de las usuarias; indagando formatos no verbales como el escrito, con imágenes... que permitan generar espacios de reflexión en los que se tome en cuenta a la persona con discapacidad intelectual.

4.5. Encontrar formas de relacionarse con la familia

En muchas ocasiones, el contexto familiar de las personas es fundamental en los procesos de articulación de vidas más autónomas en el ámbito de la discapacidad intelectual. Puede darse el caso de tensiones con las familias porque estas pueden guardar distintas visiones u opiniones sobre las necesidades de la persona con discapacidad. En este sentido, aunque pueda parecer obvio, conviene remarcar la necesidad de ver a las familias como auténticas aliadas y de integrarlas en los procesos.

Una buena forma de encontrar estos equilibrios para con la familia puede ser buscar espacios de inclusión como pueden ser las "reuniones de círculo" (ver Ruf, 2007); espacios de toma de decisiones con la persona usuaria, pero en los que también está presente la familia —o personas de confianza—, de modo que estas se sienten partícipes de la decisión, pero al mismo tiempo esta se puede ver articulada, matizada o ajustada por las personas profesionales que están presentes en estos encuentros. Espacios en los que debemos facilitar la emergencia de las posiciones de la usuaria.

4.6. Encontrar formas de vincularse emocionalmente

Es muy habitual que encontremos profesionales que sugieran un distanciamiento emocional sobre los entornos profesionales y sobre las personas a las que atendemos. Obviamente, cada persona tiene formas diferentes de vincularse en su vida profesional, pero trabajar con personas supone asumir que vamos a tener que vincularnos de una manera u otra, especialmente en acompañamientos en contextos de alta complejidad. Trabajar con personas, y hacerlo en el espacio como es el de la vivienda, implica un nivel de intimidad que resulta esencial para la conformación de este espacio de trabajo-vida.

Desde aquí, acompañar a alguien implica que nos tenga en cuenta. La mayoría de las tareas profesionales que vamos a realizar requieren de esta proximidad suficiente como para conocer en profundidad a la otra persona, y esta es la base sobre la que se pueden articular formas de trabajo más horizontales. Para ello hace falta facilitar un entorno de seguridad, basado en la confianza; guardar secretos, establecer complicidades, son elementos esenciales para esta conformación de un espacio emocionalmente significativo.

4.7. Asegurar que es la persona con discapacidad intelectual quien decide en última instancia

Hemos mostrado hasta el momento cómo, en la mayoría de las ocasiones, decidir es un quehacer colectivo, y que debemos atender constantemente todos los elementos que configuran la red en la que la persona usuaria está inscrita. Pero esto no debe soslayar la importancia de hacer emerger a la persona usuaria como quien acaba tomando las decisiones que atañen su propia vida. Para este fin, es importante asegurar siempre que la persona usuaria es quién determina qué debe suceder, o no. Además, en algunas ocasiones, la toma de decisiones va a necesitar de cierta escenificación —formalizarlo por escrito, compartirlo con personas de confianza, pactar verbalmente...—, que se permita ensalzar la posición de la persona con discapacidad en la elección. Un elemento que reconoce la persona usuaria pero que además le permite cierta adherencia a la decisión tomada, un elemento no menor en el campo en el que estamos trabajando.

Desde estos siete puntos, la propuesta que presentamos pretende encontrar formas de trabajar con personas con discapacidad intelectual que fomentan vidas más independientes. Que estas personas pasen a ser realmente protagonistas de su devenir. Esta actividad de acompañamiento, pero, vemos que no es fácil y que no queda exento de tensiones y ajustes que dependen en cada momento de la situación dada y las posibilidades formales de actuación. Para ello, y como guía rápida para examinar si nos ajustamos o no a estos siete puntos que proponemos, deberíamos en cualquier caso preguntarnos de forma insistente si:

- ¿Hemos tomado en cuenta las dinámicas sociales en las que se inscribe la decisión?
- ¿La persona ha dicho o hecho cosas que marquen su posición?
- ¿Le hemos dado el espacio y tiempo para ello?
- ¿A quién afecta la decisión tomada, y en qué sentido?
- ¿Ha entendido las posibilidades que tiene?
- El riesgo que entraña, ¿es suficiente para entrometerse o forma parte del derecho a equivocarse?

5. Conclusiones

El derecho a decidir sobre la propia vida no solamente tiene que ver con los grandes objetivos vitales, sino que también debe estar ligado a la vida cotidiana de las personas. Sin embargo, como hemos visto, la articulación de la toma de decisiones en el ámbito de la discapacidad intelectual ha sido, y sigue siendo, un elemento controvertido.

Hemos mostrado cómo "decidir" es algo que forma parte de un entramado, formado por condiciones socio-materiales, por relaciones familiares, por acceso a información, etc. En estos entramados el trabajo social juega un papel importante en la red de relaciones, especialmente en asegurar que las personas con discapacidad intelectual estén en el centro de dicha toma de decisiones. Debemos garantizar que sean ellas las protagonistas de sus vidas.

Acompañar la toma de decisiones supone que la persona acompañada se sienta segura y en confianza. Este clima lo debemos facilitar desde la proximidad y desde la honestidad que podemos ofrecer como profesionales, desde el vínculo que permitirá a la persona poder habitar un espacio en el que poner en práctica su sentido vital.

Todo ello lo debemos desarrollar en nuestra actividad profesional, incorporando las voces de las personas con las que trabajamos, y esto conlleva ir más allá de las metodologías clásicas que presuponen un determinado tipo de "sujeto cognitivo" y que se asientan en definiciones capacitistas sobre qué es participar, expresarse, actuar, intervenir o consensuar. Hay que apostar por fórmulas innovadoras y creativas, facilitando la inclusión y accesibilidad. Esta es la única forma de incorporar a las personas concernidas en decisiones tan básicas e importantes de su día a día como la utilización de los espacios, su participación en actividades de ocio, sus estudios, su fe, su higiene, etc. Debemos ser capaces de preguntarnos constantemente por nuestra posición, la relación, los efectos, para poder ir más allá de lo que se supone que es "lo bueno" o "lo malo" y buscar los ajustes para que la vida pueda ser "lo mejor posible".

Lecturas recomendadas

Goodley, D. (2005). Empowerment, self-advocacy and resilience. *Journal of Intellectual Disabilities*, 9(4), 333-343.

Simplican, S. C. (2015). *The capacity contract: Intellectual disability and the question of citizenship.* University of Minnesota Press.

Wright, D. (2011). *Downs: The history of disability.* Oxford University Press.

Ejercicio de autoevaluación

A continuación, presentamos dos situaciones en las que nos podemos encontrar como profesionales. Las dos viñetas que mostramos se sitúan en el ámbito de la vivienda con apoyos y muestran momentos en los que se ha tenido que tomar decisiones concretas. Por un lado, el caso de Teresa, por el otro el de José Antonio. Lee con atención cada una da les dos situaciones y responde las preguntas que se recogen al final de estas.

Situación 1: Teresa vivía en un recurso residencial para personas con discapacidad intelectual adultas. Se trata de un piso compartido de una institución en el que vivía con ocho personas más y que cuenta con un apoyo de 24h al día.

Teresa, de 58 años, siempre ha sido una mujer muy activa, y en ese momento estaba cobrando un sueldo muy bajo en una empresa de limpieza. Ella necesitaba menos apoyos que las ocho personas del piso en que vivía. Su relación con estas era muy buena, aunque era especialmente con cuatro de ellas que mantenía una estrecha amistad. Además de su relación con sus compañeros y compañeras de piso, Teresa tenía una fuerte vinculación con el barrio, donde participaba activamente de algunas actividades en un centro cultural y conocía a buena parte de los comerciantes y personas que vivían en los alrededores del centro residencial. A nivel familiar Teresa tenía un hermano mayor, Francisco, al que veía muy poco. En cambio, Miguel, su padre, sí estaba muy presente, pues ella le visitaba tres tardes a la semana para ayudarle con las tareas domésticas.

La misma institución que gestionaba los pisos donde vivía Teresa predijo que tendría una habitación libre en otro servicio diseñado para personas con un grado más alto de autonomía. Desde las profesionales del servicio se pensó en Teresa como una posible usuaria de este, pues se trataba de un perfil bastante adecuado para la plaza.

La principal cuestión que se abordó en ese momento giró en torno al impacto que podía tener el hecho pasar de un recurso de una intensidad de apoyo constante, a otro con una presencia de cinco horas al día.

Hubo mucha discusión en el seno del equipo técnico sobre qué decisión tomar. En este caso, de entrada, el cambio de domicilio no era una prioridad de Teresa y cuando se lo explicaron ella no estaba para nada convencida. Pero, aunque alguna profesional veía un poco difícil que se adaptara a otro recurso con menos apoyos, había una gran parte del equipo que sí creía que ese cambio la llevaría a tener más autonomía y que este servicio se ajustaría mejor a sus necesidades y capacidades. También se valoró que el nuevo recurso le permitía estar mucho más cerca de su trabajo. Además, este cambio no comportaría ningún desajuste a nivel de relación con su padre puesto que la nueva ubicación estaría a la misma distancia de la casa familiar.

En este punto a Teresa le explicaron los beneficios que podía tener el cambio, puesto que las profesionales estaban convencidas que se trataba de una buena idea, y decidieron que Teresa se mudara al nuevo recurso residencial.

Situación 2: En cierta ocasión, José Antonio, una persona que vivía con tres compañeros en un recurso residencial con apoyo las 24h, empezó a acudir a una iglesia. José en ese momento tenía 35 años, no encontraba trabajo y cobraba una pensión muy pequeña. No se le había conocido una vinculación alguna con prácticas religiosas previas a estas circunstancias.

Los profesionales descubrieron estas visitas a la iglesia por casualidad cuando lo vieron entrando al recinto una tarde. Aparentemente, podría parecer que era una decisión de carácter religioso, pero después de diferentes conversaciones descubrieron que no era exactamente así.

Para empezar, aunque a veces era difícil entenderle porque era algo errático con el uso del lenguaje, explicó a su manera que lo que encontraba en el templo era, sobre todo, silencio. Además, las conversaciones también llevaron a entender que la visita a la iglesia le suponía un momento para poder sentirse conectado con su padre, fallecido recientemente.

José Antonio no supo expresarlo de una forma nítida, pero los profesionales pudieron inferir, conversando y compartiendo el día a día con él, que el recurso residencial no siempre le ofrecía un espacio de tranquilidad donde pensar sobre sí mismo o en otras personas.

Ante lo que en un inicio parecía una necesidad religiosa, las profesionales aprehendieron una persona que necesitaba un espacio de silencio. José Antonio simplemente se situaba en un lugar de la iglesia en el que no seguía la misa, sino que aprovechaba el silencio del edificio para su tranquilidad.

José Antonio había intentado quedarse solo en casa en algunas ocasiones, pero las profesionales consideraban que era mejor para él salir a hacer algunas actividades “atractivas” para él.

Normalmente un recurso residencial para personas con discapacidad intelectual tiene en cuenta la actividad grupal y, por supuesto, trata de cubrir las demandas individuales. Pero es cierto que algunas de estas necesidades no materiales se hacen difíciles de detectar.

Con la excusa de la iglesia, el tema del silencio o espacios de tranquilidad emergió como un elemento relevante. Después de esta experiencia, los profesionales tuvieron alguna otra conversación con sus compañeros de vivienda donde también llegaron a la conclusión de que algunas personas tenían estrategias para poder gozar de espacios de tranquilidad e incluso de soledad buscada.

Toda esta experiencia permitió comprender la necesidad de silencio y concentración. En este caso, la persona había tomado una serie de decisiones casi desde la clandestinidad, y los profesionales tuvieron la sensibilidad necesaria para darse cuenta de ello y encontrar formas nuevas de articular en la vivienda nuevos espacios, tanto para José Antonio como para el resto de sus compañeros y compañeras.

Preguntas

- ¿Qué tensión emerge en la primera de las historias?
- ¿Qué detectas como positivo en la historia de Teresa?
- ¿Qué harías diferente en la primera de las historias?
- ¿Qué buena práctica emerge en la historia de José Antonio?
- ¿Qué harías diferente en el caso de José Antonio?
- ¿Qué necesidades no materiales detectas en las diferentes situaciones y qué otras crees que podrían darse?

Resumen

En las últimas cinco décadas, las formas de pensar o concebir la discapacidad han evolucionado significativamente, influenciando las prácticas profesionales para con las personas con discapacidad. Especialmente relevante ha sido la irrupción y paulatina incorporación de formas propias del paradigma de la vida independiente y de su desarrollo teórico mediante el modelo social de la discapacidad. Pero estos modelos, a menudo pensados desde la discapacidad física, se han articulado mediante nociones un tanto individualizadoras del derecho a decidir sobre la propia vida. Este principio presenta un desafío para el ámbito de la discapacidad intelectual, pues se trata de un campo en el que es precisamente esta "capacidad" de tomar "buenas decisiones" la que queda constantemente en entredicho. Desde aquí, el capítulo explica cómo, lejos de la idea ilustrada de la decisión como un elemento individual y desligado del mundo, la toma de decisiones es un proceso complejo influido por factores sociales, materiales, culturales y personales, y se subraya la necesidad de un acompañamiento responsable y no invasivo desde el trabajo social. Con este horizonte, el texto cierra con un conjunto de preguntas para repensar la aproximación profesional del ámbito y presenta siete claves para articular mejores acompañamientos a las personas con discapacidad intelectual desde el trabajo social.

Glosario

Autodeterminación: se define tradicionalmente como la capacidad y derecho de las personas con discapacidad intelectual de tomar sus propias decisiones y controlar su vida, con apoyo si es necesario.

Espiritualidad: dimensión de la persona vinculada a la búsqueda del sentido vital. Esta dimensión no tiene por qué estar siempre relacionada con aspectos religiosos, aunque tradicionalmente está asociada.

Principio de normalización: hace referencia al derecho de las personas con discapacidad a tener una vida con las mismas características que las personas normativas. Este principio a menudo se ha criticado desde posturas cercanas al Modelo Social por su componente homogeneizador y por reforzar postulados capacitistas. Además a menudo se ha definido cómo un obstáculo para la autorrealización personal.

Rol socialmente valorado: nace de la teoría de la normalización de Wolf Wolfensberger, y se basa en la teoría que las personas son valoradas por la sociedad cuando ocupan roles socialmente valorados, y propone, por tanto, apoyos para que las personas con discapacidad intelectual puedan ocupar estas posiciones. Ha recibido críticas similares a las mencionadas en la explicación del principio de normalización.

Bibliografía

Foucault, M. (2015). *Historia de la locura en la época clásica, I.* Madrid: Fondo de cultura económica.

García-Santesmases, A., Moyà-Köhler, J., Farré, L., & Boyo, A. (2022). Las infraestructuras de cuidado en tiempos de pandemia: de la crisis sanitaria a la emergencia de lo social. *Revista Española de Discapacidad,* (10) 1.

Goodley, D. (2005). Empowerment, self-advocacy and resilience. *Journal of Intellectual Disabilities,* 9(4), 333-343.

Martínez-Rivera, O., Benavent-Vallès, E. & Navarro-Segura, L. (2020). Necesidades no materiales en el cuidado de personas con discapacidad intelectual en residencias. *Cultura de los cuidados,* 56, 183-197.

Moyà-Köhler, J, & Domènech, M. (2021). Autonomías precarias: Un análisis sobre las tecnologías para personas con diversidad funcional intelectual. *Teknokultura,* 18(2), 127-135.

Moyà-Köhler, J., García-Santesmases, A., & Farré, L. (2023). Tensions and Escapes in Independent Living Infrastructures for People With Disabilities Under COVID-19. *Space and Culture, 26*(3), 420-432.

Oliver, M., & Barnes, C. (2012). *The new politics of disablement.* Bloomsbury Publishing.

Romañach, J., & Lobato, M. (2005). Diversidad funcional, nuevo término para la lucha por la dignidad en la diversidad del ser humano. *Foro de vida independiente,* 5, 1-8.

Ruf, J. (2007). Vida independiente e inclusión social. *Revista Médica Internacional sobre el Síndrome de Down, 11*(3), 45-48.

Simplican, S. C. (2015). *The capacity contract: Intellectual disability and the question of citizenship.* University of Minnesota Press.

Wright, D. (2011). *Downs: The history of disability.* Oxford University Press.

Solucionario

En este punto queremos dar algunas posibles respuestas a las preguntas planteadas en el ejercicio. Estas respuestas no son la única solución admisible, sino una propuesta que compartimos para abrir una reflexión. Es importante darnos tiempo como profesionales, partir de las preguntas que cierran el punto cuatro y poner en práctica las siete claves presentadas en el mismo apartado.

1. Como hemos mostrado en el capítulo, a menudo la toma de decisiones en el ámbito de la discapacidad intelectual es un elemento que entra en tensión. Y es en estas tensiones que el papel de las profesionales es imprescindible. En el ejemplo emerge una tensión entre dos posibles soluciones: por un lado, cambiar de piso y ganar autonomía, y por el otro permanecer en el recurso en el que vive y mantener vínculos previos que parecen importantes para Teresa.
2. En este caso, existe una atención por parte de las profesionales a la posibilidad de mayor autonomía para Teresa. Además, parece en el ejemplo que las profesionales han tratado de situar y trabajar sobre las necesidades de la usuaria y han atendido a las posibilidades que la institución podía ofrecerle. Han tomado en cuenta algunos de sus vínculos, como los familiares y han pensado en su impacto a nivel de movilidad para con el trabajo, un elemento importante en la vida de Teresa.
3. En el caso de Teresa, reducir la decisión a la valoración profesional de capacidades y cercanía con el trabajo pierde la dimensión emocional y relacional. En este caso, la importancia de los vínculos no queda atendida. También se echa en falta la presencia de Teresa en los espacios de decisión, cosa que seguramente habría facilitado tomar en cuenta estos vínculos y su importancia. Para ello, siguiendo las propuestas del cuarto punto del capítulo, sería interesante poder plantear un espacio de decisión conjunto, en el que exista mucha más presencia de la usuaria y que sea ella quien acabe tomando la decisión. Además, también sería importante buscar alternativas que permitan sostener la red de relaciones importantes para ella, al tiempo que permitan un apoyo menos invasivo en el mismo espacio en el que ya vive, por ejemplo, o buscando un espacio muy próximo a donde ella vivía con sus compañeras. Finalmente es interesante tener presente el papel que juega el género también en su caso, pues parece que el hermano no es muy activo en el cuidado de su padre, y es ella quién se encarga del mismo. Una segunda jornada laboral, configurada como una obligación moral, que se suma a la jornada laboral ordinaria, también ligada a un trabajo considerado 'femenino'.
4. En este caso se puede apreciar cómo las profesionales escuchan, incluso ante la dificultad de articular verbalmente su voluntad, la posición y deseo de José Antonio —atendiendo a lo que dice, pero también a sus prácticas—. Además, ejercen de forma no invasiva esta atención y buscan trabajar conjuntamente a pesar de la dificultad de comunicación. Se encuentran espacios adecuados y se da tiempo al usuario para poder decidir, en su caso, sobre la necesidad de silencio en su día a día.

5. En el caso de José Antonio es más difícil encontrar formas de mejorar la atención, especialmente si no se cuenta con más información que la que se ofrece en el ejemplo. Se siguen las demandas de José Antonio y se le permite que siga realizando sus actividades. Este caso, sin embargo, puede abrir también una reflexión en torno a la importancia de las condiciones materiales. En muchos casos esto no depende directamente de nuestra labor, pero dar importancia a la consecución de un trabajo, o a las ayudas disponibles, puede facilitar el acceso a una vida más autónoma, pues facilita la disponibilidad de vivienda o la participación en la sociedad. En el caso de José Antonio, pues, podría ser interesante indagar en las posibilidades de encontrar un trabajo adaptado a sus habilidades, por ejemplo.
6. En ambos casos existe una dimensión no material relevante. José Antonio necesita espacios de tranquilidad y silencio para sentirse mejor, pero también para poder construirse subjetiva y personalmente. Para Teresa, la posibilidad de articular una vida más autónoma puede ser un elemento importante a nivel personal, pero esto debe estar ligado también a sus formas de vincularse y estar en el mundo, a las que debemos dar valor para con su día a día.

Trabajo social y menores con discapacidad. El modelo de intervención centrado en la familia

MIGUEL URRA CANALES
Docente del Departamento de Trabajo Social de la UNED, beneficiario de la convocatoria María Zambrano, financiada por el Ministerio de Universidades y la Unión Europea - NextGenerationUE.

EVA M. RUBIO GUZMÁN
Docente de Trabajo Social de la Universidad Pontificia Comillas.

FRANCISCO JAVIER GARCÍA-CASTILLA
Docente del Departamento de Trabajo Social de la UNED.

Guion

1. Introducción
2. Intervención con familias y menores con discapacidad. Componentes del modelo centrado en la familia
   2.1. Identificar las necesidades de la familia
   2.2. Identificar los recursos y las fortalezas de la familia
   2.3. Identificar fuentes de ayuda
   2.4. Dar autoridad y capacitar a las familias
3. Articular las reivindicaciones de las familias
4. Conclusiones

Objetivo central

- Proponer el modelo de intervención centrado en la familia como marco de referencia para la intervención social con familias de menores con discapacidad.

Objetivos del capítulo

- Promover líneas de actuación respetuosas con la dinámica familiar y empoderadoras de todos sus miembros.
- Ofrecer alternativas de acción que sigan los principios de individualización, aceptación y promoción de la autonomía personal de los menores con discapacidad y sus familias.

Conceptos claves: Trabajo social, familia, discapacidad, intervención.

1. Introducción

Los contenidos trabajados en los capítulos anteriores de esta obra tienen un carácter transversal y cobran sentido cuando se aplican a las distintas situaciones de intervención con personas con discapacidad que se puedan presentar. No obstante, dada su especificidad, es importante preguntarse cómo se aplican los conceptos trabajados cuando el sujeto de intervención es una persona menor de edad.

La práctica centrada en la familia es una modalidad de intervención consistente y que cuenta ya con un largo recorrido que se fundamenta en dar autoridad y capacitar a las familias para que puedan actuar de forma efectiva, centrándose en sus recursos y potencialidades y no en sus debilidades. De esta manera, los profesionales ayudan a las familias a implicarse en sus procesos de intervención estimulando su capacidad para tomar decisiones ante los diferentes retos que deben afrontar en sus vidas.

Para explicar este enfoque, Leal (2008) parte de cuatro premisas básicas:

- Las familias con menores con discapacidad tienen más puntos que las unen con otras familias que aspectos que las diferencian.
- No existe una familia ideal.
- Todos los miembros de la familia deben ser tenidos en cuenta para favorecer el desarrollo adecuado del menor con discapacidad.
- El hecho de tener un hijo o hija con discapacidad puede no ser la dificultad más importante a la que una familia se enfrenta en un momento determinado.

Las distintas definiciones del modelo centrado en la familia presentan tres aspectos comunes y esenciales para su implementación:

1. En primer lugar, el modelo centrado en la familia respeta la elección y opinión de ésta, lo que supone un cambio en la relación de poder que comúnmente se establece con los profesionales que tienden a priorizar su saber. Este planteamiento hace hincapié en el respeto a las prioridades determinadas y elegidas por la familia (Turnbull et al., 1999).
2. En segundo lugar, este modelo se apoya en los puntos fuertes, en las fortalezas y recursos de las familias, y no tanto es sus carencias, debilidades o dificultades, como se venía dando en otro tipo de intervenciones (Saleebey, 1996).
3. En último lugar, este enfoque comprende que todos los miembros de la familia forman parte de la unidad de apoyo, y no sólo el niño o niña con discapacidad y su madre.

En este nuevo paradigma, según Turnbull (2003), la mayor transformación proviene de dejar de intentar "arreglar" al menor con discapacidad y comenzar a cambiar los contextos en los que éste va a desarrollarse y crecer. El objetivo es que estos entornos se abran a su participación, y que sus relaciones no giren en torno a su diferencia, sino en torno a sus capacidades y potencialidades. Este tipo de enfoque se encuentra, por lo tanto, enmarcado en el modelo social de la discapacidad.

La práctica centrada en la familia contempla al grupo familiar como un sistema de apoyo social de gran relevancia para el desarrollo de las personas, reconociendo y respetando el papel principal que tiene en la vida del menor con discapacidad. Este modelo va a promover el funcionamiento normalizado de estas personas en sus familias y en su comunidad, estimulando las potencialidades, las fortalezas y los sentimientos de capacidad de todos sus miembros, implicándoles de forma activa en cualquier proceso de planificación, y dándoles voz y autoridad para que puedan actuar de manera eficaz en su entorno, desde el empoderamiento en su sentido más genuino (Leal, 2008; Ponce Ribas, 2008).

Sin embargo, también hay que tener en cuenta que, paralelo a los caminos de la "normalización", también se deben explorar y promover opciones que respeten las necesidades y derechos de los menores con discapacidad, independientemente de que puedan asumir roles socialmente valorados o no. En esta línea, es importante recordar que los menores con discapacidad pueden estar sometidos a una presión capacitista, en el sentido de exigirles comportamientos sociales y personales que no tienen por qué encajar con su forma de funcionar y estar en el mundo. Por ejemplo, Goodley y Runswick-Cole (2010) señalan que algo tan característico de la infancia como el juego puede vincularse a procesos de desarrollo y normalización, cuando debería ser un espacio seguro y de diversión, donde el menor y su familia no deberían preocuparse de "encajar" y "mejorar", sino simplemente de disfrutar.

Para que el modelo de atención centrada en la familia se desarrolle de forma correcta y eficaz (Ponce Ribas, 2008; Down España, 2012; Goodley, et. al. 2016), proponemos que los profesionales que trabajan con menores con discapacidad sigan los siguientes 5 principios

1. Respeto de la diversidad funcional evitando caer en posturas y prejuicios capacitistas. No olvidar que cada menor con discapacidad tiene el derecho a que sea reconocida su individualidad, lo que incluye que se respete y se ponga en valor también su diferencia. De esta manera, es importante valorar cómo vive el menor su condición y cómo la articula con sus expectativas, oportunidades y aspiraciones.

2. Reconocimiento y respeto de las propuestas de la familia evitando imposiciones por parte de profesionales de medidas o actuaciones no solicitadas ni

queridas. Es importante trabajar en equipo con la familia para llevar a cabo y evaluar las diferentes atenciones y servicios.

3. Individualidad al considerar a cada familia como única y diferente tanto desde una perspectiva cultural como en su composición, sus experiencias y sus costumbres. Esto se complementa con la consideración de la familia como experta de lo que le sucede a su hijo o hija con discapacidad

4. Reconocimiento de los progenitores como los principales actores en la toma de decisiones junto con sus hijos o hijas con discapacidad.

5. Flexibilidad en el proceso de intervención, teniendo en cuenta que cada familia tiene sus propias prioridades y sus propios tiempos. Además, no se deben aplicar recetas prediseñadas, sino apostar por la creatividad y la innovación en el diseño de propuestas.

Un ejemplo de las bondades de la atención centrada en la familia bajo estos principios lo podemos encontrar en los estudios que demuestran que los fisioterapeutas que involucran a los progenitores en la planificación y ejecución de las terapias de menores con parálisis cerebral logran ajustar mejor sus planes de tratamiento, estableciendo espacios de diálogo entre las expectativas familiares y los alcances y evidencias médicas (LeRoy et al., 2015). Es decir, que el diálogo entre las familias y los profesionales enriquece los procesos de toma de decisiones.

Por último, no debemos olvidar que, desde nuestra labor como profesionales del trabajo social, también acompañaremos casos en los que uno o los dos progenitores también pueden ser personas con discapacidad. En estas situaciones, además de todos los principios expuestos anteriormente, es importante considerar que estas familias pueden verse sometidas a una mezcla de sobrevigilancia y falta de apoyos, que les exige un sobrecoste emocional y físico, ya que deben demostrar que no hay contradicción entre cuidar de un menor y necesitar apoyos por razón de discapacidad (Herrera, 2022).

2. Intervención con familias con menores con discapacidad

Desde el mismo momento en que una familia recibe el diagnóstico de discapacidad de un hijo o hija va a iniciar un camino de relación con distintos profesionales, tanto del área médica como del área social (Núñez, 2007). El papel de estos últimos se centra en el acompañamiento, la escucha, la contención y la construcción junto con los padres y madres, de orientaciones individualizadas, dirigidas a cada grupo familiar para facilitar su evolución (Casamayor, 2008; Orbe Mendoza, 2011).

La visión psicoanalítica tradicional de la crianza de un menor con discapacidad trabaja las variables de shock, dolor y depresión. Sin embargo, también es conveniente ser conscientes de las limitaciones en el acceso a servicios y recursos. Es decir, que no sólo se trata de enfocarnos en un trabajo individualizado de aceptación, sino en tejer una red de apoyos y acompañar a cada familia en sus circunstancias, que pueden ser más o menos complejas e incluir muchos matices que rompen los estereotipos y los prejuicios sobre lo que es y cómo debe funcionar una familia que tiene un menor con discapacidad (Watermeyer y McKenzie, 2014).

En esta línea, algunos estudios señalan que la terapia familiar tradicional, en casos con menores con discapacidad, parte de un enfoque médico e individual, donde la condición de discapacidad es un problema que se debe afrontar, ya que se puede convertir en una amenaza para la estabilidad del sistema familiar. Sin embargo, nuevos desarrollos desde un enfoque sistémico consideran que la condición de discapacidad de un menor es un elemento más del sistema familiar, que no tiene por qué acarrear una carga negativa (Haydon-Laurelut, 2017).

2.1. Componentes del modelo centrado en la familia

Siguiendo a Leal (2008), podemos identificar cuatro componentes o tareas en el modelo de intervención centrado en la familia que implican la identificación de las necesidades, de los recursos y fortalezas, de las fuentes de ayuda y dar autoridad y capacitar a las familias. Estos elementos no deben ser interpretados de manera secuencial, sino como diferentes actuaciones que se van a desarrollar con las familias, y que en ocasiones pueden darse de manera simultánea.

Figura 1: Componentes del modelo

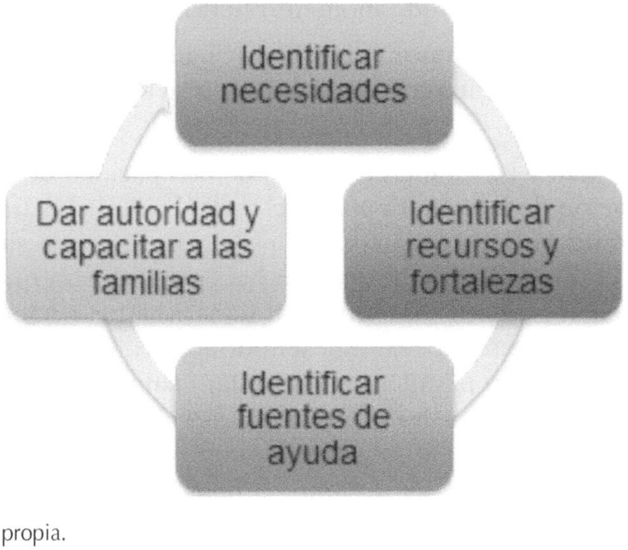

Fuente: Elaboración propia.

2.1. Identificar las necesidades de la familia

Este primer componente pretende verbalizar y visibilizar las carencias que percibe la familia, así como los objetivos que ésta considera relevantes. Esto ayudará a los profesionales de la intervención social a la compresión e identificación de los elementos o dificultades que están afectando a la familia en un momento dado. En este proceso de identificación, los profesionales pueden ayudar a las familias a traducir sus preocupaciones en necesidades y para ello es fundamental que sigan las siguientes pautas:

- mantener relaciones positivas en las que las personas se sientan aceptadas y comprendidas por los profesionales que les atienden;
- establecer una comunicación abierta y honesta, en la que los miembros de la familia se sientan libres de compartir información;
- exponer el motivo de cada reunión, evitando llevar una "agenda oculta" con propuestas o acciones que no son aceptables para la familia o el menor con discapacidad;
- dejar que la familia "cuente su historia", se exprese con sus propias palabras, y ponga énfasis en aquellos aspectos que más le preocupan;
- ayudar a la familia a aclarar sus necesidades, mediante la reformulación propia de la respuesta empática, evitando modificar el sentido de lo expresado y pidiendo confirmación de la familia;
- escuchar a la familia tanto en sus mensajes verbales como no verbales, poniendo especial interés en la concordancia y coherencia de ambos;
- resumir y priorizar las necesidades identificadas desde la perspectiva de la familia, recogiendo en todo momento su centro esencial de interés.
- promover que el/la menor con discapacidad también pueda expresar su parecer, en los términos que le sea posible, y su opinión y preferencias sean tenidas en cuenta.

Es esencial ayudar a las familias a aceptar la discapacidad de su hijo o hija y a afrontar la situación de la manera más adecuada. Para ello es fundamental que los y las trabajadoras sociales eviten juzgar los mensajes, y expresiones de la familia, y escuchen en un ambiente de respeto y aceptación para que los miembros de la familia puedan explorar sus sentimientos y reacciones sin temor a la imagen que puedan estar proyectando. En este sentido los profesionales de la intervención social deben estar preparados para afrontar cualquier reacción de las familias, evitando estar a la defensiva o poner en cuestión a los progenitores sobre sus sentimientos y emociones minimizándolos o trivializándolos (Leal, 2008). Es importante saber reconducir expresiones o reacciones familiares que puedan suponer alguna forma de violencia contra el menor.

Este componente debería dar como resultado un listado con las necesidades de las familias y la valoración de su prioridad.

2.2. Identificar los recursos y las fortalezas de la familia

Una vez identificadas las necesidades, se aborda la identificación de recursos y fortalezas de la familia. En este momento, es fundamental compartir información con las familias para que se empoderen desde una perspectiva crítica y anticapacitista. Esta información debe ser transmitida de manera sencilla, clara y sensible de forma que los padres y madres puedan tomar decisiones contrastadas e informadas. Las familias necesitan información para entender la discapacidad del menor, así como conocer los recursos de apoyo que existen, lo que fomentará que desarrollen una actitud positiva y creativa. Asimismo, deben ser informadas sobre las fortalezas, dificultades y progresos de su hijo o hija con discapacidad, para poder planificar su desarrollo.

Se debe hacer hincapié en que una de estas fortalezas es el propio menor con discapacidad, que suele aportar a la familia unidad, satisfacción y alegría, además de sus recursos y potencialidades personales. Otras fortalezas y recursos familiares pueden provenir, por un lado, de las características y actitudes de cada uno de sus miembros, de su sentido de compromiso familiar, de las relaciones de apoyo mutuo, el respeto y la comunicación positiva y las creencias familiares; y, por otro lado, pueden resultar de los lazos formales e informales con la comunidad, del acceso a servicios de diferente índole (educativos, sanitarios, ocio, etc.) y de la disponibilidad de recursos financieros, entre otros.

Este componente identifica los aspectos positivos de la familia. Para ello es importante que los profesionales:

- busquen los aspectos positivos del funcionamiento de la familia;
- comenten y refuercen las fortalezas de la familia en su conjunto y de cada uno de sus miembros en particular;
- ayuden a la familia a tomar diferentes enfoques antes su situación, cuando se sienta bloqueada o imposibilitada para afrontar su futuro;
- reconozcan las barreras existentes para la inclusión y ayuden a buscar la forma de superarlas, lo que incluye alentar el espíritu reivindicativo y de reconocimiento de derechos;
- apoyen a la familia en el reconocimiento, consideración y valoración de las aptitudes de todos sus miembros;
- pongan en valor los cuidados y la interdependencia, es decir, quien se encarga de los apoyos materiales y diarios (seguramente la madre) pero también si lo hace algún hermano, tía, etc. Y, al mismo tiempo, poner en valor

que el/la menor con discapacidad, si bien puede que no pueda contribuir a los cuidados familiares o domésticos exactamente igual que el resto, sí puede proveer de otro tipo de cuidados y apoyos, como el afectivo.

Este segundo componente debería dar como resultado que los y las trabajadoras sociales y las familias reconozcan y valoren las fortalezas y los medios familiares. Evaluar recursos le devuelve a la familia una imagen positiva de sí misma en contraposición de la imagen habitual de incapacidad que pueden desarrollar en su enfrentamiento de los múltiples obstáculos que implica la crianza de un menor con discapacidad en una sociedad capacitista, habitualmente poco sensible y escasamente abierta ante la diferencia.

2.3. Identificar fuentes de ayuda

Este componente tiene como cometido buscar las fuentes de ayuda formal e informal que potencien y faciliten que las familias hagan uso de sus fortalezas en el abordaje de sus necesidades. Para ello es importante conocer cuál es la red personal de apoyo de la familia, así como las fuentes de ayuda formal actuales, valorando su complementariedad en la cobertura de las necesidades familiares, e identificando nuevas líneas de ayuda que aún no hayan sido exploradas.

Las ayudas formales incluyen el acceso a servicios y a prestaciones sociales, especialmente de carácter económico. Las ayudas informales, muchas veces provenientes de los entornos asociativos, complementan en muchos casos las ayudas formales (que suelen ser limitadas) y apoyan a la familia en su quehacer cotidiano aportándole apoyo emocional. (Leal, 2008).

En todo este proceso es necesario comprender los sentimientos que se producen en los miembros de la familia a la hora de pedir y aceptar ayuda externa, puesto que esto les puede generar incomodidad al percibirse en deuda con otras personas o entidades o incluso puede ahondar en su sentimiento de incapacidad (Down España, 2012).

Todas las familias, y especialmente los nuevos progenitores de niños o niñas con discapacidad, necesitan contar con recursos profesionales en su entorno que les ayuden a responder a sus preguntas y a atender sus problemas. Esta necesidad se sigue manteniendo incluso cuando los padres y madres son más experimentados, pues no siempre se sienten seguros de que sus conocimientos anteriores les sirvan para atender a su hijo o hija con discapacidad, y es posible que necesiten ayuda especializada.

Este componente debe dar como resultado la identificación de fuentes de ayuda para que los miembros de la familia aprendan a planificar y a buscar recursos que cubran sus propias necesidades.

En esta línea es muy relevante poner en valor el apoyo entre iguales, muy propio de las entidades asociativas que trabajan en este campo, que favorecen el encuentro de familias en espacios donde reconocen sus dificultades y se estimula el apoyo mutuo y el acompañamiento. Estas entidades, además de promover el empoderamiento y la reivindicación de las familias, favorecen que los menores puedan socializar con referentes y otros menores en su misma condición, aunque no de manera exclusiva.

También destacamos que en este capítulo nos estamos centrando en la familia nuclear, que es la que puede ser atendida con mayor frecuencia desde los servicios sociales, pero algunas investigaciones ponen de relieve que alrededor de un menor con discapacidad se suele formar una "DisFamilia", que va más allá de los lazos de parentesco y abre un amplio abanico de formas de ser y convivir en "familias" que se articulan para apoyar las expectativas, oportunidades y aspiraciones de los menores con discapacidad en sus diferentes etapas del desarrollo (Goodley et al., 2016). En este sentido, desde la intervención del Trabajo Social no deberíamos centrarnos sólo en el impacto que tiene en la familia un hijo o hija con discapacidad o en los esfuerzos que se realizan por su normalización, sino que también se deben explorar redes de apoyo más complejas.

2.4. Dar autoridad y capacitar a las familias

Mientras que los tres primeros componentes expuestos pretenden evaluar diferentes aspectos de la familia, este cuarto se centra en las líneas de actuación que pueden usar los y las profesionales del trabajo social para ayudar a capacitar y dar autoridad a las familias, ofreciéndoles oportunidades para que sean más competentes.

El objetivo final de esta intervención es que las familias puedan afrontar y resolver por sí mismas de manera eficaz las necesidades, obstáculos y barreras que puede implicarles la crianza de un hijo o hija con discapacidad. Para ello es esencial incrementar sus capacidades para que sean más competentes y autosuficientes, así como potenciar su sentimiento de control y seguridad a la hora de gestionar su vida y defender sus intereses, sin depender de la ayuda de un profesional y confiando en su propio criterio.

Una premisa dentro de este punto es establecer una colaboración entre la familia y los profesionales, permitiendo que ambos trabajen unidos en el establecimiento de objetivos de intervención y en la planificación de actuaciones. Esta colaboración implica cierta renuncia a la tradicional autoridad de los profesionales dando mayor relevancia a las aportaciones de las familias, al considerarlas también expertas (Turnbull, 1999; Núñez, 2010).

También se debe promover la capacitación familiar, para que los miembros de la familia se responsabilicen de su proceso y lideren la toma de decisiones. Una mayor sensación de capacitación y control parece mejorar el bienestar de una familia y hace que sus componentes se impliquen más activamente en la vida del menor con discapacidad (Down España, 2012).

Por último, conviene recordar que una adecuada intervención de los profesionales devendrá en apoyo, empoderamiento y estímulo en la crianza y acompañamiento en el desarrollo de una persona con discapacidad, favoreciendo la ruptura de las barreras que el capacitismo naturalizado y aceptado trata de imponer. Para ello es importante generar un movimiento crítico entre las familias con personas con discapacidad.

3. Articular las reivindicaciones de las familias

Una sistematización de información (Green et. al., 2016) sobre investigaciones cualitativas sobre la crianza de niños con discapacidades publicado durante los últimos 50 años muestra que los progenitores, en su gran mayoría, experimentan reacciones negativas (negación y estrés, por ejemplo) en los primeros años de sus hijos e hijas y, además, deben enfrentar un sistema sanitario y de servicios sociales que no les ayuda, junto con un ambiente social e institucional que les estigmatiza. Como dato esperanzador, los estudios más recientes apuntan a que las familias no sólo manifiestan su insatisfacción, sino que comienzan a cuestionar firmemente la red de servicios de apoyo, ya que ha sido concebida para normalizar su situación y no para acompañar, de manera personalizada y adaptada, su complejidad.

En España, a pesar de avances en la implicación de las administraciones públicas en la atención a las familias, esta atención es llevada a cabo fundamentalmente por las asociaciones y fundaciones que diseñan y desarrollan (con cierto apoyo económico por parte del Estado) programas para apoyar, orientar y atender a los padres y madres con hijos o hijas con discapacidad a lo largo de las distintas etapas de su ciclo vital (Mercado y García, 2010).

Encontramos tres tipos básicos de servicios a las familias, que son de atención directa, dinamización asociativa y trabajo con el entorno.

La **atención directa a familias** incluye la intervención dirigida a facilitar información, asesorar y orientar la toma de decisiones, ofrecer formación y apoyo personal y emocional, generar espacios de respiro familiar, así como la creación de planes de apoyo a la familia (Fantova, 2000; Lozano y Pérez 2000). Además, estos aspectos pueden trabajarse de manera grupal o a través de grupos de autoayuda (Ponce Ribas, 2008).

Esta atención se realiza muchas veces desde los centros de atención temprana. La Atención Temprana es

> un conjunto de acciones que se orientan hacia la prevención y la intervención asistencial de los niños que se encuentran en situaciones de riesgo o que presentan alguna discapacidad. Pero, a la vez, es un conjunto de intervenciones con el que se actúa para poder garantizar las condiciones y la respuesta familiar ante estas circunstancias en los diferentes entornos vitales (GAT, 2003, p. 7).

Por lo que, la atención temprana ayuda no sólo al menor sino también a los progenitores a superar el impacto emocional, mediante la información y acción de los profesionales y la participación en grupos de apoyo.

La intervención con las familias desde los servicios de Atención Temprana pretende ayudar a los padres y madres a adaptarse a la nueva situación familiar, favoreciendo actitudes positivas, reajustando sus expectativas, potenciando la relación con el menor y procurando evitar que se centren exclusivamente en el trastorno o la dificultad que pueda presentar.

En cuanto a la **dinamización asociativa**, es importante vincular a las familias con las asociaciones del ámbito de la discapacidad y promover su participación activa en ellas. Con esto, además de sentirse vinculadas, acompañadas y representadas, pueden obtener asesoramiento especializado sobre servicios de nueva creación o que puedan prestar otras asociaciones o entidades y participar de intercambios y actividades conjuntas. Asimismo, toman conciencia del carácter estructural de la discriminación capacitista que enfrentan en su día a día.

Respecto al **trabajo con el entorno**, es destacable la coordinación con los servicios sociales y recursos comunitarios, para que faciliten a las familias el acceso a los mismos, y el trabajo en red con entidades públicas y privadas. Igualmente, es primordial trabajar en la sensibilización para lograr espacios incluyentes y accesibles. En este sentido es pertinente hacer una llamada a la responsabilidad comunitaria ante la injusticia social que suponen las barreras que se imponen en el día a día desde las posiciones capacitistas, evitando depositar el activismo únicamente en las familias y, especialmente en las madres de las personas con discapacidad (Runswick-Cole y Ryan, 2019).

La atención a la familia se puede realizar de forma individual o en grupo, en función de las necesidades de cada familia en un momento dado. La intervención individual favorece la comunicación y el diálogo entre progenitores y profesionales sobre el tratamiento del niño o niña, las dificultades encontradas respecto al trastorno, la dinámica de relación que se da en el hogar, los avances alcanzados, y otro tipo de preocupaciones relacionadas con su entorno familiar. Esta atención individual también debe servir para informar a la familia sobre los recursos que tiene a su disposición. Por su parte, la intervención grupal pretende favorecer el encuentro entre varios progenitores para compartir vivencias, sentimientos y dificultades.

Además, junto con la atención individual o grupal, se deben considerar las demandas comunes de las familias, que suelen estar canalizadas desde el movimiento asociativo. En este sentido, se pueden aportar varias recomendaciones y propuestas para mejorar la intervención y la calidad de vida de las familias, que deberían guiar la intervención desde el trabajo social a nivel político y comunitario:

- Aumentar la disponibilidad de servicios y prestaciones sociales que ofrece la administración, evitando la carga económica para las familias de muchas atenciones especialmente de carácter educativo, sanitario y social, no solo durante la infancia sino a lo largo de todo el ciclo vital.
- Desarrollar políticas que contemplen mayor apoyo social y empresarial a las familias con hijos e hijas con discapacidad, especialmente relacionadas con hacer efectivas las políticas de conciliación de la vida familiar y laborar, para favorecer las acciones de cuidado y de autocuidado.
- Aclarar y reforzar las redes de coordinación y derivación interinstitucional para evitar el peregrinaje de las familias en busca de recursos, así como para eliminar duplicidades en la atención. En este sentido es fundamental reforzar el trabajo en red.
- Mejorar la sensibilización y formación del sector sanitario para atender adecuadamente en primera instancia desde el punto de vista emocional a la familia cuando recibe la noticia de que su hijo o hija tiene una discapacidad.
- Potenciar un asociacionismo de apoyo entre iguales, más allá de los servicios profesionales, y más crítico con las políticas de atención a las personas con discapacidad que muchas veces no cuestionan las barreras a la inclusión, naturalmente aceptadas por posturas capacitistas.
- Potenciar en los centros de atención temprana un buen sistema de información y acogida que permita a las familias sentirse cómodas y seguras en la primera recepción, fomentando la formación especializada en atención y terapia familiar de todo el equipo terapéutico.
- Establecer medidas de apoyo en los cambios de etapas evolutivas de los menores y sus familias, desde las diferentes instituciones: sanitarias, educativas y sociales.
- Formar a las familias en temas legales, vinculados al ejercicio de los derechos reconocidos en la Convención Internacional sobre los Derechos de las Personas con Discapacidad (UN, 2006).

- Instalar de forma sistemática y periódica grupos de apoyo y escuelas de padres y madres guiados por profesionales formados en intervención y terapia familiar. Asimismo, es fundamental promover foros de formación permanente a las familias para que puedan abordar las diversas circunstancias que se les planteen en la crianza y el acompañamiento a las personas con discapacidad.
- Generar y mantener sistemas de apoyo informal de las familias mediante la formación de progenitores guía que puedan servir de apoyo a familias con reciente aterrizaje en el contexto de la discapacidad, así como la creación de grupos de apoyo de hermanos.
- Flexibilizar los programas de familias para que tengan cabida todas las necesidades que planteen y se aborden diferentes intereses específicos, siempre teniendo como criterio central la calidad de vida.

Potenciar servicios de ocio que cubran todas las demandas de las familias y de las personas con discapacidad.

4. Conclusiones

A modo de conclusión, podrían plantearse cuatro líneas de acción para mejorar el apoyo y fortalecimiento de las familias con hijos o hijas con discapacidad.

En primer lugar, se ha de promover el *acompañamiento a las familias* apoyándolas y fortaleciéndolas no sólo desde su interior, sino desde las relaciones que establecen con las instituciones, el sector político y la sociedad en su conjunto. Para ello habría que ofrecer a la familia mejores redes de apoyo que la empoderen en el proceso de crianza de sus hijos e hijas. Esto implica la revisión continua de las políticas y de las formas de organización social e institucional que promueven la protección y atención a las personas con discapacidad y sus familias a lo largo de su ciclo vital familiar.

En segundo lugar, se ha de *promover un cambio en las creencias, concepciones y visiones sobre discapacidad sustentadas por presupuestos capacitistas.* Muchos de los principales obstáculos para el desarrollo de las personas con discapacidad y sus familias se encuentran instalados en las formas de pensar, las creencias y las representaciones sociales que existen sobre la discapacidad que generan e imponen patrones y prácticas de crianza que afectan a las familias. Es fundamental promover una comprensión de la discapacidad como un proceso que se deriva de la relación entre las particularidades, necesidades y requerimientos de la persona con discapacidad y las importantes barreras que le impone su entorno, muchas veces invisibles por su naturalización. Asimismo, debe exigirse el respeto a la diferencia, y el reconocimiento de la diversidad como una fuente de enriquecimiento social.

En tercer lugar, se debe *fomentar el incremento del conocimiento de la discapacidad* por parte de las familias, desdramatizando, comprendiendo sus particularidades, requerimientos y desarrollo. De esta manera se amplían las oportunidades para la participación social y el aprendizaje.

Y, en cuarto lugar, es esencial *fortalecer las relaciones intrafamiliares*, procurando una atención y acompañamiento de la familia, que permita la creación de espacios de comunicación que fortalezcan los vínculos internos y externos y estimulen la puesta en marcha de estrategias para la resolución de conflictos.

Ejercicio de autoevaluación

Pablo y Teresa son una pareja de 38 y 35 años, respectivamente. Son padres de 2 niños, Andrés y José, de 9 y 4 años de edad. Andrés ha tenido un desarrollo "normotípico", pero José, a sus 4 años, apenas está comenzando a hablar, le ha costado mucho el control de esfínteres tiene rabietas incontrolables y serias dificultades en la interacción con otras personas. El tránsito desde la escuela infantil al colegio está siendo muy difícil y sus progenitores acuden a servicios sociales en busca de ayuda.

En las entrevistas hablan en repetidas ocasiones del "mal comportamiento" de su hijo menor y se culpabilizan de ello, por unas pautas de crianza permisivas. Además, comparan constantemente los comportamientos del hijo mayor y del hijo menor.

Les asusta que su hijo pueda tener, según sus palabras, "algún tipo de retraso" y manifiestan que de haber sabido que su hijo iba a tener tantos problemas, quizás, hubieran preferido no tenerlo e interrumpir el embarazo. Escuchan a menudo comentarios de vecinos y familiares acerca del comportamiento de José y cómo podría tener algún tipo de discapacidad "que le condene a pasar sus días en terapias y centros asistenciales".

Pablo y Teresa sufren una gran angustia, que también afecta a su situación como pareja, e incluso temen por cómo el desarrollo de José puede afectar también al hermano mayor. Una de las frases que más repiten es que "nos aterra ir al médico y que realmente nos den un diagnóstico".

Cuestiones sobre el planteamiento de la intervención

1. **Algunas de las expresiones que utilizan Pablo y Teresa para referirse a su hijo José tienen fuertes connotaciones negativas…**

   a) Es normal que esto ocurra en la fase de identificar necesidades y es un ejemplo de los prejuicios capacitistas que imperan en la sociedad. Sin embargo, es importante trabajar en su reformulación.

   b) Se deben respetar esas expresiones en todo momento, ya que forman parte de la dinámica familiar.

   c) No se deben permitir ese tipo de expresiones y se debe cortar la conversación cuando estas tengan lugar.

2. **¿Qué temas serían prioritarios a la hora de planificar la intervención?**

   a) Búsqueda de una institución donde puedan hacerse cargo de José y apoyo económico para afrontar el gasto que esto suponga.

b) Aceptación de la situación de José, tejer red de apoyos, acompañamiento de la dinámica familiar ante estereotipos y prejuicios y facilitar información sobre servicios comunitarios y movimiento asociativo.

c) Trabajar sobre el dolor que sienten Juan Pablo y Teresa porque de lo contrario caerán en una depresión profunda

3. **En la primera entrevista, Pablo y Teresa expresan sentir temor, presión social y angustia ante su situación…**

a) Estos tres elementos son normales y deben acostumbrarse a ellos, como todas las familias que tienen a un menor con discapacidad.

b) Se debe dejar de lado los sentimientos internos y enfocarse en las barreras externas que encuentran en su situación.

c) Se deberían destacar los aspectos positivos y fortalezas que también tienen como familia; identificar y trabajar sobre las barreras externas y los obstáculos que enfrentan; y buscar apoyos en familiares y amigos.

4. **Quizás con un diagnóstico médico claro sobre la situación de José, esta familia deje de necesitar acompañamiento…**

a) Es cierto. Una vez que José cuente con un diagnóstico, todo cobrará sentido.

b) No es cierto. Las familias con menores con discapacidad necesitan de apoyo y supervisión constante por parte de especialistas.

c) No es cierto. Las familias con menores con discapacidad necesitan contar con recursos de apoyo para que, según se desarrolle su caso, puedan tener la oportunidad de responder a sus preguntas y atender a sus necesidades que irán variando.

5. **¿Cuáles de las siguientes situaciones del caso son reflejos de una sociedad capacitista?**

1. Hablar de "mal comportamiento", comparar a José con su hermano mayor y ver su discapacidad la fuente de los problemas familiares.

2. Los comentarios de familiares y vecinos sobre que "no es normal" lo que hace José.

3. Todas las anteriores son correctas.

6. **Si se pone en contacto a esta familia con el movimiento asociativo de la discapacidad de su municipio, allí podrían encontrar…**

a) Servicios de atención temprana, de dinamización asociativa y de trabajo con el entorno.

b) Un centro residencial y programas de respiro familiar, para que puedan descansar de los problemas que genera José.

c) Motivación para que José se esfuerce más y logre encajar mejor en su entorno.

7. **Indique tres elementos que tendría en cuenta en la intervención con esta familia y que no hayan sido citados en las preguntas anteriores.**

Resumen

El presente capítulo aborda la intervención con menores con discapacidad. Para ello se propone la utilización del modelo centrado en la familia. Este enfoque apoya a la familia y estimula la búsqueda de sus propios recursos formales e informales para enfrentar con éxito las dificultades que puedan darse en las tareas de crianza y cuidado. Este tipo de intervención se apoya en el respeto a la diversidad funcional, lejos de posturas capacitistas, y en el trabajo en equipo con la familia, individualizando y considerando a cada familia única.

La implementación de este modelo implica la identificación de las necesidades de la familia, sus recursos y fortalezas, así como sus fuentes de ayuda, dando autoridad y capacitando a sus miembros, especialmente al menor con discapacidad, poniendo especial atención en eliminar las barreras que el capacitismo interiorizado impone, y fomentando un movimiento crítico entre las familias.

Glosario

Intervención centrada en la familia: Modalidad de intervención que se sustenta en dar autoridad y capacitar a las familias, centrándose en sus recursos y potencialidades y no en sus debilidades. Los profesionales estimulan la capacidad de toma de decisiones de la familia ante los distintos retos que deba afrontar.

Disfamilia: red de apoyo a un menor con discapacidad que va más allá de los lazos de parentesco. Se articula para acompañar las expectativas, oportunidades y aspiraciones de los menores con discapacidad en sus diferentes etapas del desarrollo. Puede estar compuesta por vecinos, amigos, familias con las que se comparte vínculos asociativos, terapeutas, docentes o trabajadoras sociales, entre muchos otros.

Apoyos: recursos y estrategias para promover el desarrollo y el bienestar de una persona con discapacidad. Es importante no reducirlos a económicos y terapéuticos. Pueden existir de muchos tipos: profesionales, técnicos, tecnológicos, naturales, legales, burocráticos, entre iguales, formales o informales, etc. Cada familia los define y articula según su situación particular y sus necesidades.

Movimiento asociativo: espacios de participación política de las personas con discapacidad y sus familias. Bajo distintas denominaciones (asociaciones, fundaciones, corporaciones, clubs...) reúnen a familias y personas con discapacidad con el objetivo común de mejorar su bienestar. Tradicionalmente, surgen ante deficiencias del Estado en la prestación de servicios, con claro carácter reivindicativo y con espíritu de ayuda mutua.

Bibliografía

Casamayor, A. (2008). *Discapacidad mental en la infancia. Trabajo Social y juego con familias.* Espacio Editorial.

Down España (2012) *Mis primeros pasos hacia la autonomía.* (Versión Digital). http://hdl.handle.net/11181/3861

Fantova Azkoaga, F. (2000). Trabajando con las familias de las personas con Discapacidad. *Siglo Cero, 31*(192), 33-50.

GAT (2003). *Libro Blanco de la Atención Temprana.* Real Patronato sobre Discapacidad.

Goodley, D., y Runswick-Cole, K. (2010). Emancipating play: Dis/abled children, development and deconstruction. *Disability & Society, 25*(4), 499-512.

Goodley, D., Runswick-Cole, K., y Liddiard, K. (2016). The DisHuman child. *Discourse: Studies in the Cultural Politics of Education, 37*(5), 770-784.

Green, S. E., Darling, R. B., y Wilbers, L. (2016). Struggles and Joys: A Review of Research on the Social Experience of Parenting Disabled Children. In S. E. Green y S. N. Barnartt (Eds.), *Research in Social Science and Disability* (Vol. 9, pp. 261-285). Emerald Group Publishing Limited.

Haydon-Laurelut, D. M., Nunkoosing, K., y Wilcox, E. (2013). Family Therapy and Dis/ableism: Constructions of Disability in Family Therapy Literature. *Human Systems: The Journal of Therapy, consultation & Training, 24,* 146-158.

Herrera, F. (2022). 'La mamá soy yo': Experiencias parentales de madres y padres con discapacidad en Chile. *Psicologia em Estudo, 27.*

Leal L. (2008). *Un enfoque de la discapacidad intelectual centrado en la familia.* FEAPS: Cuadernos de Buenas Prácticas.

LeRoy, K., Boyd, K., De Asis, K., Lee, R. W. T., Martin, R., Teachman, G., y Gibson, B. E. (2015). Balancing Hope and Realism in Family-Centered Care: Physical Therapists' Dilemmas in Negotiating Walking Goals with Parents of Children with Cerebral Palsy. *Physical & Occupational Therapy In Pediatrics, 35*(3), 253-264.

Lozano, M. y Pérez, I. (2000) Necesidades de la familia de las personas con retraso mental y necesidades de apoyo generalizado. En M. A. Verdugo Alonso (*Ed*) *Familias y discapacidad intelectual.* (pp. 199-225). FEAPS.

Mercado García, E. y García Vicente, L. M. (2010). Necesidades sociales de las personas con discapacidad en edad escolar y sus familias. *Cuadernos de Trabajo Social, 23,* 9-24.

Núñez, B. (2007). *Familia y discapacidad. De la vida cotidiana a la teoría.* Lugar.

Núñez, B. (2010). *El niño con discapacidad, la familia y su docente.* Lugar.

Orbe Mendoza, M. (2011). *Síndrome de Down. Ana María, nuestra hija. Testimonio y vivencias del acompañamiento familiar.* CEPE.

Ponce Ribas, A. (2008) *De Padres a Padres.* Madrid: FEAPS - Cuadernos de Buenas Prácticas.

Runswick-Cole, K. y Ryan, S. (2019). Liminal Still? Unmothering disabled children. *Disability & Society, 34(*7-8), 1125-1139.

Saleebey, D. (1996). The strengths perspective in social work practice: extensions and cautions. *Social Work, 41* (3): 296-306.

Turnbull, A. P.; Blue-Banning, M.; Turbiville, V. y Park, J. (1999). From Parent Education to Partnership Education: a call for a transformed focus. *Topics in Early Childhood Special Education, 19*(3), 164-172.

Turnbull, A. P. (2003) La calidad de vida de la familia como resultado de los servicios: el Nuevo paradigma. *Siglo Cero. Revista Española Sobre Discapacidad Intelectual, 34*(3), 59-73

Watermeyer, B., & McKenzie, J. A. (2014). Mothers of disabled children: In mourning or on the march? Journal of Social Work Practice, *28*(4), 405-416.

Solucionario

Pregunta 1:

1. Es la opción correcta. Es importante dejar que la familia se exprese con libertad, cuente su historia y exprese sus sentimientos, pero también es importante trabajar en la reformulación empática de sus planteamientos.
2. No es correcta. Supondría malinterpretar lo que significa una comunicación abierta y honesta.
3. No es correcta. Sólo si emergen prejuicios y planteamientos capacitistas se podrá trabajar sobre ellos.

Pregunta 2:

1. No es correcta. La institucionalización del menor no encaja con los principios de la intervención centrada en la familia ni con la Convención de los Derechos de las Personas con Discapacidad.
2. Es correcta. Aceptación, apoyos y acompañamiento son las bases de la intervención con familias con menores con discapacidad (Watermeyer y McKenzie, 2014).
3. No es correcta. Este sería un planteamiento de la visión psicoanalítica tradicional de la crianza de un menor con discapacidad.

Pregunta 3:

1. No es correcta. Intervenir desde este planteamiento nos haría caer en los prejuicios capacitistas.
2. No es correcta. Los sentimientos y dinámicas internas de la familia también deben trabajarse.
3. Es correcta. Esta combinación de aspectos positivos y fortalezas, identificación y trabajo con las barreras externas y apoyo de la red de familiares y amigos son los elementos principales de la etapa de "identificar recursos y fortalezas" del modelo de intervención centrado en la familia.

Pregunta 4:

1. No es correcta. El diagnóstico y los tratamientos o terapias son compatibles con el acompañamiento social.
2. No es correcta. Las familias con menores con discapacidad no necesitan supervisión constante. Además, no sólo es importante el apoyo de especialistas, sino que también se puede contar con el apoyo entre iguales y del movimiento asociativo.
3. Es correcta. Esta necesidad se sigue manteniendo incluso cuando los padres y madres son más experimentados, pues no siempre se sienten seguros de que sus conocimientos anteriores les sirvan.

Pregunta 5:

1. Es incorrecta, ya que sólo hace referencia al nivel interno en la familia.
2. Es incorrecta, ya que sólo hace referencia al nivel externo de la familia.
3. Es correcta, ya que muestra que a nivel interno y externo cómo las relaciones de esta familia giran en torno a la diferencia de José y no en torno a sus capacidades y potencialidades, respetando su individualidad.

Pregunta 6:

1. Es correcta. Estos son los principales servicios que presta el movimiento asociativo a las familias con menores con discapacidad, en términos terapéuticos, de apoyo entre iguales y de reivindicación de derechos.
2. Es incorrecta. Para casos determinados (no parece ser el de José), el movimiento asociativo cuenta con residencias y programas de respiro familiar, pero no con el enfoque de "descansar de los problemas".
3. Es incorrecta. Las becas y ayudas económicas ligadas a políticas públicas son importantes, pero en el movimiento asociativo se prestan servicios, se fomenta la cooperación entre iguales y se trabaja en la incidencia en esas políticas.

Pregunta 7:

Posibles respuestas serían: Dar voz a José y a Andrés en las entrevistas. Indagar sobre la distribución de las tareas de cuidados de José, para que sean equitativas. Trabajar desde una actitud flexible, accesible y receptiva. No enfocar la intervención en las diferencias de José y sí en sus capacidades. Trabajar el concepto de "disfamilia", donde la red de apoyo va más allá del núcleo familiar. Explicar a la familia que el objetivo de la intervención no sería la "normalización" de su hijo José, sino la calidad de vida de éste.

Desigualdad por razón de discapacidad. La intersección de la discapacidad con otros ejes de estratificación y exclusión

EDUARDO DÍAZ VELÁZQUEZ
Universidad de Alcalá

AGUSTÍN HUETE GARCÍA
INICO. Universidad de Salamanca

Guion

1. Introducción.
2. La desigualdad por razón de discapacidad.
   2.1. En la educación.
   2.2. En el empleo.
   2.3. En la condición socioeconómica.
   2.4. En la participación social.
3. Intersección de la discapacidad con otros ejes de estratificación social.
   3.1. Discapacidad y clase social.
   3.2. Discapacidad y género.
   3.3. Discapacidad y origen étnico.
   3.4. Discapacidad y edad.
   3.5. La discapacidad en contextos de privación y multiexclusión.
4. Conclusiones. Hacia una intervención social interseccional.

Objetivo central

Analizar la desigualdad existente por razón de discapacidad en las sociedades contemporáneas.

Objetivos del capítulo

- Identificar las causas y consecuencias de la desigualdad por razón de discapacidad.
- Analizar la intersección de la discapacidad con otros ejes de estratificación social como la clase social, el género, el origen étnico o la edad.
- Reflexionar acerca de cómo abordan las políticas sociales las desigualdades por razón de discapacidad y sus respectivas intersecciones.

Conceptos clave: discapacidad, desigualdad, capacitismo, interseccionalidad, políticas sociales.

1. Introducción

En nuestras sociedades, la discapacidad es una contingencia que en mayor medida surge a lo largo de la vida, especialmente durante el proceso de envejecimiento. El momento en que se produce la discapacidad afecta de forma muy diferente a las trayectorias vitales e implica modos diferentes de vivir la discapacidad y, por lo tanto, de experimentar desigualdades o formas de discriminación o exclusión producto de una sociedad capacitista. De la misma manera, la vivencia de la discapacidad y, por extensión, las oportunidades vitales de la persona son distintas dependiendo de la clase social, el género o el origen étnico de la persona con discapacidad.

Esta realidad tan diversa plantea retos muy importantes para comprender la discapacidad, así como para diseñar las respuestas que la sociedad, principalmente a través de las políticas públicas, ha de dar a este colectivo heterogéneo, tanto para facilitar los apoyos que den respuesta a sus necesidades específicas, como para eliminar las barreras existentes en el entorno, que dificultan o impiden su participación en igualdad de condiciones y oportunidades.

La discapacidad es un factor que contribuye a la desigualdad social. Sabemos que la presencia misma de la discapacidad implica (con más probabilidad, si esta es congénita o si se produce en los primeros años de vida) una peor posición en el sistema de estratificación social y una mayor probabilidad de exclusión. De la misma manera, una persona en una situación social más vulnerable o de clase social más baja tiene mayores probabilidades de tener o de adquirir una discapacidad (Abberley, 2008; Díaz Velázquez, 2017).

En todo caso, que la discapacidad sea un factor de desigualdad o exclusión social no se debe a una condición biológica o al sustrato fisiológico (lo que tradicionalmente se ha denominado *deficiencia*) que origina la discapacidad, sino que está relacionado fundamentalmente con cómo la sociedad la concibe y, por lo tanto, en la respuesta social que se da a la misma.

2. La desigualdad por razón de discapacidad

Cuando hablamos de desigualdad por razón de discapacidad, nos estamos refiriendo al acceso desigual que tienen las personas con discapacidad a los bienes y recursos, a la participación en los espacios públicos, así como al ejercicio de sus derechos de ciudadanía desde un punto de vista sustantivo (Díaz Velázquez, 2017). Aunque en España y en la mayoría de los países existe una legislación en materia de discapacidad que trata de dar respuesta a las necesidades específicas de este colectivo y de proporcionar apoyos y recursos para su inclusión social, los datos existentes nos muestran que las personas con discapacidad se encuentran en una situación de desventaja en ámbitos como el empleo, la educación, la condición socioeconómica o la participación social y política, entre otros.

2.1. En la educación

En el ámbito de la educación sigue estando legitimada tanto legal como socialmente la segregación del alumnado con discapacidad en centros de educación especial, diferenciado del resto del alumnado. Aunque la LOMLOE aboga por que en un plazo de diez años los centros ordinarios cuenten con los recursos necesarios para incorporar al alumnado con discapacidad, se plantea la excepción de que los centros de educación especial sigan escolarizando "a los alumnos y alumnas que requieran una atención muy especializada".

Para el curso 21/22, el 3,1% del alumnado en enseñanzas no universitarias contaba con necesidades educativas especiales derivadas de una discapacidad (MEFP, 2022). De ellos, el 83,8% está escolarizado en centros ordinarios y el resto en centros de educación especial o en unidades de educación especial en centros ordinarios. Sin embargo, la integración en centros ordinarios por tipo de discapacidad no es uniforme: tal como se comprueba en el gráfico siguiente, el alumnado con pluridiscapacidad o con discapacidad intelectual presenta tasas de integración mucho más bajas.

Gráfico 1. Alumnado con discapacidad integrado en centros ordinarios por tipo de discapacidad. Curso 21/22. Porcentajes

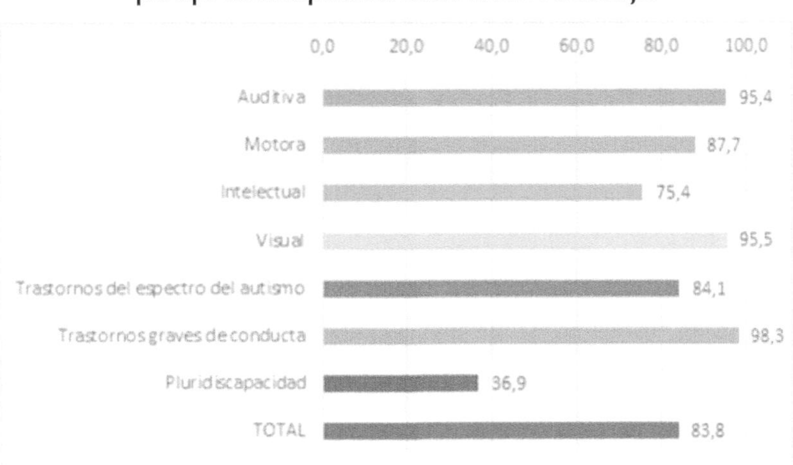

Fuente: Estadística de las Enseñanzas no universitarias. Subdirección General de Estadística y Estudios del Ministerio de Educación y Formación Profesional.

El gráfico 1 muestra que el sistema educativo ordinario integra con más facilidad al alumnado con discapacidades que requieren menores necesidades de apoyo y que, por el contrario, tiende a segregar con más frecuencia a aquellos con discapacidades que requieren más apoyos.

Para una plena inclusión educativa, el alumnado con discapacidad ha de recibir todos los apoyos que necesita en el aula ordinaria. Sin embargo, los datos de la EDAD 2020 nos muestran que sólo el 52,14% recibe apoyos y adaptaciones suficientes, por un 24,21% que recibe apoyos o adaptaciones insuficientes y un 11,09% que no recibe apoyos ni adaptaciones, aunque las necesite.

Asimismo, la presencia del alumnado con discapacidad se va reduciendo en las últimas etapas de la enseñanza no universitaria. Mientras que en la ESO el 3,3% del alumnado tenía NEE, en el Bachillerato apenas son el 0,9%, lo que afecta posteriormente a su acceso a la educación superior. Las evidencias nos muestran que una mayor proporción de alumnado con discapacidad accede a la universidad con más de 25 años y en la educación a distancia (Díaz Velázquez, 2017).

Todo esto se traduce en un nivel educativo inferior entre la población con discapacidad. En el año 2021, el 38,1% de la población sin discapacidad en edad activa contaba con estudios superiores, mientras que entre las personas con discapacidad era del 18,7%. En todo caso, como se puede observar en el gráfico siguiente, la proporción de personas con discapacidad en edad activa sin estudios o estudios primarios se ha reducido de forma muy notable en los últimos años, si bien sigue siendo muy superior a la de las personas sin discapacidad.

Gráfico 2. Población con y sin discapacidad en edad activa por nivel educativo. Evolución 2014-2021. Porcentajes

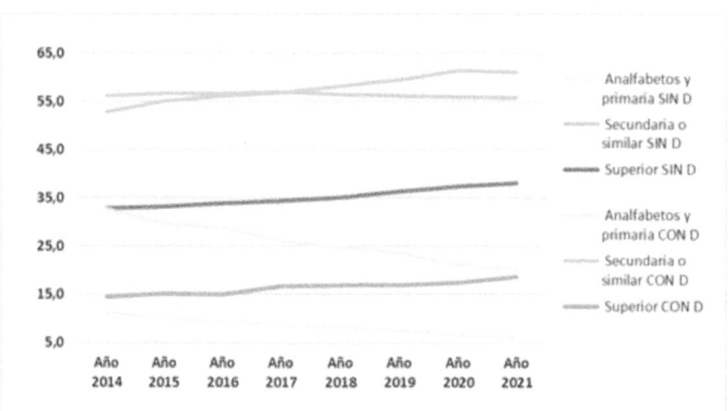

Fuente: Elaboración propia a partir de El Empleo de las Personas con Discapacidad 2021 (SPD). INE (2022).

2.2. *En el empleo*

Un mayor nivel educativo es clave para acceder al empleo y a un mejor empleo. Así, una persona con discapacidad con estudios superiores tiene 3,7 veces más de probabilidades de trabajar que una con estudios primarios o inferiores, y 1,6 veces más de estar trabajando que una con estudios secundarios o equivalentes.

Un 34,6% de las personas con discapacidad en 2021 se encontraba en situación activa, frente al 77,7% de las personas sin discapacidad. Las últimas estadísticas nos muestran que las mujeres con discapacidad están incorporándose más al mercado laboral, incluso en una proporción ligeramente mayor que los hombres con discapacidad (35,3% frente a 34,2%).

Si analizamos la tasa de empleo (que mide la proporción de personas que están trabajando sobre el total de personas en edad de trabajar) para el año 2021, el 26,9% de las personas con discapacidad en edad activa estaría trabajando, habiendo aumentado este indicador en más de 4 puntos desde el final de la crisis en 2014, desde el 22,6 hasta el 26,9%.

Gráfico 3. Tasa de actividad de la población con y sin discapacidad. Evolución 2014-2021

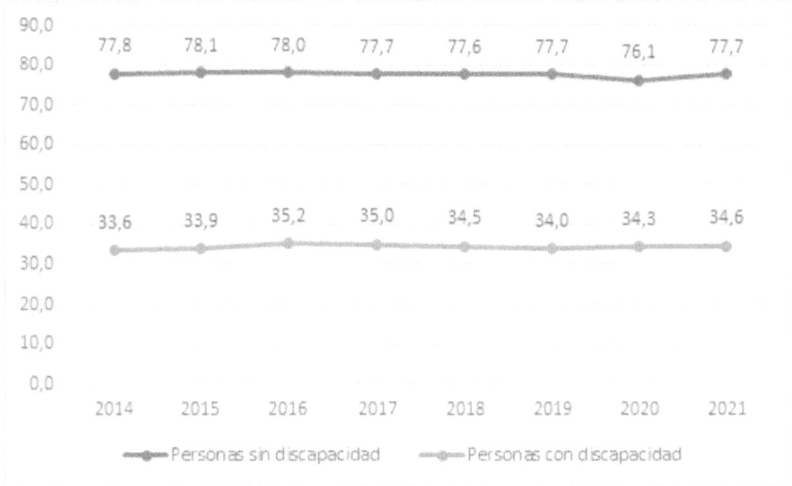

Fuente: Elaboración propia a partir de El Empleo de las Personas con Discapacidad 2021 (EPD). INE (2022)

La tasa de paro de paro de la población con discapacidad en 2021 era del 22,5% (23% mujeres y 22% hombres), frente al 14,7% de las personas sin discapacidad. Estos datos atestiguan las mayores barreras que se encuentran las personas con discapacidad para acceder al empleo y la persistencia de las desigualdades estructurales por motivo de discapacidad en el mercado de trabajo.

Gráfico 4. Tasa de paro de la población con y sin discapacidad. Evolución 2014-2021

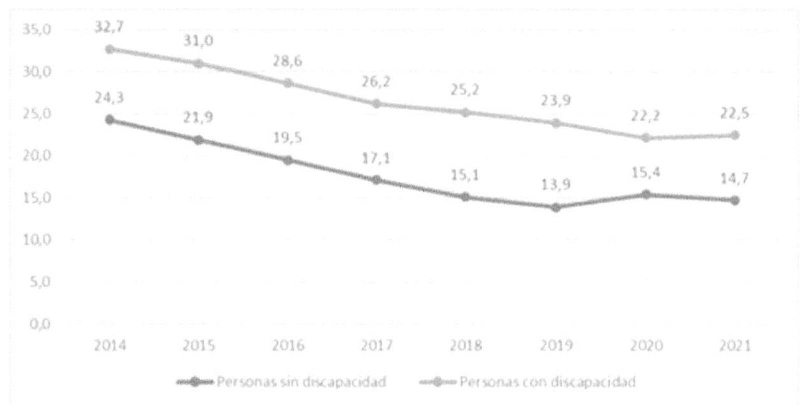

Fuente: Elaboración propia a partir de El Empleo de las Personas con Discapacidad 2021 (EPD). INE (2022).

Las políticas de empleo tratan de facilitar la incorporación de las personas con discapacidad al mercado de trabajo, ya sea mediante cuotas de reserva (del 2% en empresas de más de 50 trabajadores, aunque es sustituible por medidas alternativas), incentivos a la contratación (deducciones fiscales y bonificaciones en las cuotas de la Seguridad Social, particularmente en el empleo protegido) o bien subvenciones a la adaptación de puestos de trabajo, entre otras. Sin embargo, estas medidas, más orientadas a incentivar al empleador para que contrate a trabajadores con discapacidad, se revelan insuficientes pues se enfocan más a la activación individual que a garantizar el acceso al empleo desde una óptica de justicia social.

Las diferencias entre personas con y sin discapacidad no solamente se evidencian en el acceso al empleo, sino que son también relevantes en lo que respecta a las condiciones de trabajo. Existe una segmentación por discapacidad en el mercado de trabajo que implica una mayor sectorización en servicios poco especializados y de baja cualificación, con trabajos más precarios, mayores tasas de contratación a tiempo parcial (18,4% frente al 13,6% de las personas sin discapacidad; el 26,7% las mujeres y el 12,0% los hombres), así como peores salarios.

El salario medio anual bruto de los trabajadores por cuenta ajena con discapacidad fue de 21.544,2 euros en 2021, lo que supone un salario medio bruto anual un 17,2% menos que el de las personas sin discapacidad, cuyo salario medio bruto anual asciende hasta los 26.030,0 euros. Las diferencias salariales son evidentes también desde una perspectiva de género, con un salario 10,3% inferior para las mujeres, tanto en población con discapacidad como sin ella.

Gráfico 5. Ganancia anual bruta por hora, para trabajadores asalariados según tengan o no discapacidad. 2012-2021

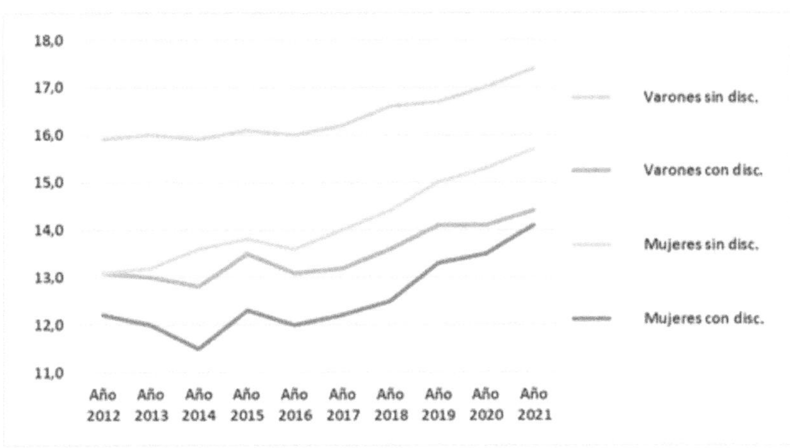

Fuente: Elaboración propia a partir de El Salario de las Personas con Discapacidad 2021 (SPD). INE (2022).

2.3. La condición socioeconómica

Las mayores dificultades para generar ingresos, así como los gastos extraordinarios que buena parte de este colectivo tiene que afrontar para dar respuesta a sus necesidades de apoyo hace que las personas con discapacidad vean mermada su capacidad económica y que, por tanto, se encuentren en mayor riesgo de pobreza y exclusión social que el resto de la población.

Según datos de EUROSTAT para 2022, las personas con discapacidad cuentan con mayor riesgo de pobreza o exclusión social (30,0%) que las personas sin discapacidad (22,7%). Esto se debe en parte a tener un menor acceso al empleo, en parte a tener que afrontar gastos suplementarios relacionados con necesidades de apoyo (Comisión Europea, 2021).

Existe, por tanto, una relación bidireccional entre pobreza y discapacidad, donde las condiciones de vida o la precariedad laboral son a menudo fuente de problemas de salud que, si son desatendidos, conducen a una discapacidad prematura. Pero, a su vez, la presencia de una discapacidad requiere productos o personas de apoyo que incrementan los gastos del hogar, limitando además las oportunidades de la persona con discapacidad y su familia para obtener ingresos y acceder a una participación plena en la vida social y económica.

El papel de las transferencias (pensiones contributivas de incapacidad permanente o pensiones no contributivas de invalidez, así como otras transferencias monetarias) es importante para reducir la pobreza del colectivo, pero insuficiente. La tasa de pobreza de la población con discapacidad antes de transferencias es del 59,7%, que queda reducida al 21,3% después de transferencias (frente al 18,1% del resto de la población). Incluso entre las personas con discapacidad que se encuentran trabajando, el 13,1% está en riesgo de pobreza.

Los datos de la EDAD 2020 nos muestran que los hogares que tienen algún miembro con discapacidad cuentan con unos ingresos mensuales mucho menores. Sin embargo, estos hogares afrontan gastos extraordinarios para dar respuesta a sus necesidades de apoyo, casi la mitad por encima de los 500 euros anuales, pero en un 8,9% de ellos por encima de los 6.000 euros anuales.

La variabilidad del gasto entre las personas con discapacidad está influida tanto por el grado de discapacidad (y las necesidades de apoyo asociadas a éste), que *obliga* a un mayor gasto, como por el nivel de ingresos de la familia, que *permite* un mayor gasto (Díaz Velázquez, 2017). Así, las personas con mayor grado de discapacidad y condición socioeconómica más baja van a tener muchas más dificultades para dar respuesta a sus necesidades de apoyo, tanto por el mayor gasto que necesitan realizar como por las limitaciones de ingresos, a lo que, como indicábamos, se une el coste de oportunidad que puede suponer la discapacidad (más probabilidad de que la persona no acceda al empleo ni tampoco lo haga su familiar de apoyo).

2.4. En la participación social

El mayor riesgo de exclusión que experimenta una parte de la población con discapacidad, así como las barreras sociales del entorno, hacen que las personas con discapacidad experimenten más dificultades para participar en la vida social y política en comparación con el resto de la población.

Así lo confirman datos como los de la Encuesta de Integración Social y Salud (EISS 2012), siendo particularmente elevadas las barreras percibidas para el acceso a un empleo adecuado (un 90,25%), las actividades de ocio y culturales (un 91,03%) o las actividades formativas (69,51%). Las mayores diferencias con la población sin discapacidad se dan en aquellas actividades con mayores problemas de accesibilidad, como, por ejemplo, las barreras para salir de casa (para un 81,0%, frente al 40,97% de la población sin discapacidad), el uso del transporte (un 54,56%, frente al 28,14%) o el acceso y movilidad por los edificios (un 61,74%, frente al 26,01%). En todo caso, la brecha o ratio de discapacidad muestra que las personas con discapacidad experimentan muchas más barreras para la participación social que el resto de la población en todas las dimensiones analizadas, lo que revela la discriminación existente para su inclusión social

Tabla 1: Población de 15 y más años con barreras en la participación social por tipo de barreras y presencia de discapacidad. 2012.

Barreras para la participación social	Personas con discapacidad	Personas sin discapacidad	Ratio PCD/PSD
Salir de casa	81,00	40,97	1,98
Uso del transporte	54,56	28,14	1,94
Acceso y movilidad por los edificios	61,74	26,01	2,37
*Actividades formativas**	69,51	48,95	1,42
*Acceso a un empleo adecuado**	90,25	66,88	1,35
Uso de internet	28,18	24,05	1,17
Contacto y apoyo social	4,36	4,38	1,00
Actividades de ocio y culturales	91,03	70,41	1,29
Situación económica	60,54	39,61	1,53

* En formación y empleo se selecciona a la población de 15 a 64 años. Fuente: Instituto Nacional de Estadística. Encuesta de Integración Social y Salud (EISS)

Si comparamos por género, en la mayoría de los casos las mujeres con discapacidad afirman experimentar más barreras que los hombres, diferencias que son particularmente significativas para salir de casa (12,67 puntos más) o el acceso a actividades formativas (11,47 puntos más). En las únicas dimensiones en las que los hombres con discapacidad puntúan (ligeramente) más alto es en el acceso a internet y en las actividades de contacto y apoyo social.

Estas barreras en la participación reflejan una situación de discriminación, es decir, unas diferencias en el acceso a bienes y recursos y en la participación en la vida social. Por otro lado, en la EISS 2012 también se preguntaba en qué medida las personas con discapacidad se sentían discriminadas o tratadas de forma injusta[1]. Un 25,27% de la población con discapacidad afirmaba sentirse discriminada (un 23,91% hombres y un 26,13% mujeres), de ellos, un 16,5% indicaba que esa discriminación era debido a su discapacidad: un 14,1% por enfermedad o problema de salud crónico y un 9,3% por el hecho de tener algún tipo de limitación para realizar las actividades básicas.

1 Hay que tener en cuenta que sentirse discriminado no es lo mismo que ser discriminado o haber recibido un trato discriminatorio, pues hay personas que quizás no se sitúen en esta categoría autopercibida propia de la encuesta, aunque sí reciban algún trato discriminatorio.

La más reciente EDAD 2020 nos muestra que el ámbito en el que mayor proporción de personas con discapacidad ha percibido un trato discriminatorio es el de la educación, para el 27,45% de las personas con discapacidad que actualmente están estudiando, entre las cuales un 14,44% manifiesta haber sufrido bullying. El siguiente ámbito de mayor discriminación experimentada es el laboral, en el que un 11,84% de las personas con discapacidad que trabajan actualmente se han sentido discriminadas.

Pero los datos de la EISS 2012 evidenciaban también que las personas con discapacidad también se sentían más discriminadas que el resto de la población por otros motivos diferentes a su discapacidad (edad, sexo, etnia, religión u orientación sexual), experimentando situaciones de discriminación interseccional.

3. Intersección de la discapacidad con otros ejes de estratificación social

Se entiende por discriminación interseccional aquella que resulta de la confluencia de elementos discriminatorios ya conocidos que, al producirse de manera conjunta, dan lugar a más agravadas y nuevas formas de discriminación. La discriminación interseccional no es por tanto la suma de formas de discriminación ya conocidas (no es simplemente una "doble" o "triple" discriminación), sino que es el producto de todas ellas, dando lugar a una situación de discriminación nueva, construida socialmente, compleja, y que debe ser considerada en sí misma (Almendra, 2015).

Una idea general clave para entender esa interseccionalidad de factores como forma de discriminación especialmente compleja es que los mecanismos que explican cada forma de discriminación están presentes también en el contexto interseccional. De esta forma, las inercias que explican la discriminación del grupo poblacional A, persisten en el grupo poblacional B y viceversa, lo cual hace de las situaciones de discriminación interseccional realidades especialmente resistentes a la intervención social. Por ejemplo, en el caso de las mujeres mayores, los planteamientos patriarcales que tienen como resultado la discriminación de género (es decir, de las mujeres como grupo poblacional A), permanece con frecuencia en las políticas de intervención destinadas a las personas mayores (grupo poblacional B), y viceversa, las políticas de igualdad dirigidas a eliminar la discriminación de género no siempre tienen en cuenta la diversidad por edad.

La intervención social desde una estrategia interseccional, por tanto, no puede ser reducida a un eje único, sino al resultado de una dinámica de factores que tener en cuenta. Entre los factores de discriminación que dan lugar a nuevas discriminaciones interseccionales son conocidas aquellas que se producen de la interacción entre la clase social, el género, la etnia, la edad o la orientación sexual, pero no tanto la discriminación interseccional de estas con la discapacidad, que son las que trataremos a continuación.

3.1. Discapacidad y clase social

Existe una clara correlación entre discapacidad y clase social, de manera que en las clases sociales más bajas aumenta la probabilidad de tener una discapacidad. La Encuesta Nacional de Salud (ENSE 2017) analiza la relación entre limitaciones en la actividad moderadas o graves y clase social. La categorización de la clase social se realiza a partir del nivel ocupacional de la persona de referencia del hogar, clasificado en seis niveles[2].

Como podemos observar en el gráfico a continuación, conforme descendemos en la clase social del hogar, mayor proporción de personas con discapacidad, tanto moderada como grave, nos encontramos. Así, mientras que en los hogares de clases más altas nos encontramos en torno a un 15% de personas con limitaciones en la actividad, en los hogares de clase social más baja ese porcentaje se sitúa en torno al 25%. Estos datos nos muestran que en los hogares de clases sociales más bajas existe casi un 80% más de probabilidades de que exista una discapacidad que en los hogares de posiciones sociales más elevadas y casi el triple de que esa discapacidad sea de mayor gravedad.

[2] Esta categorización se realiza en base a la clasificación de la Sociedad Española de Epidemiología a partir de la CNO2011. Comprendería los siguientes niveles ocupacionales:
- Nivel I. Directores/as y gerentes de establecimientos de 10 o más asalariados/as y profesionales tradicionalmente asociados/as a licenciaturas universitarias.
- Nivel II. Directores/as y gerentes de establecimientos de menos de 10 asalariados/as, profesionales tradicionalmente asociados/ as a diplomaturas universitarias y otros/as profesionales de apoyo técnico. Deportistas y artistas.
- Nivel III. Ocupaciones intermedias y trabajadores/as por cuenta propia.
- Nivel IV. Supervisores/as y trabajadores/as en ocupaciones técnicas cualificadas.
- Nivel V. Trabajadores/as cualificados/as del sector primario y otros/as trabajadores/as semicualificados/as.
- Nivel VI. Trabajadores/as no cualificados/as.

Gráfico 6. Limitación para las actividades de la vida cotidiana y clase social basada en la ocupación de la persona de referencia. Porcentajes sobre total de cada clase social.

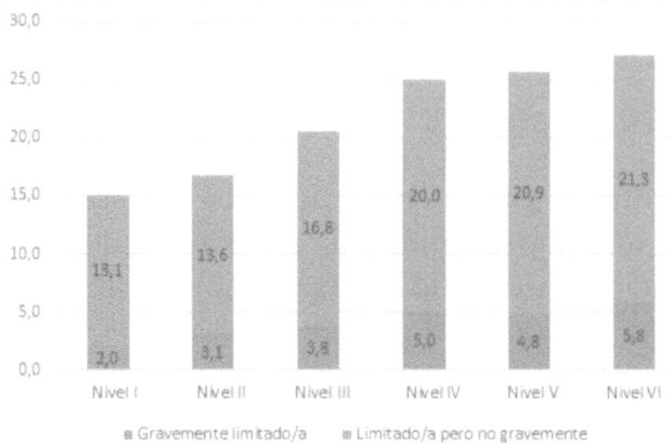

Fuente: Elaboración propia a partir de la Encuesta Nacional de Salud (ENSE, 2017).

La discapacidad está más presente en hogares con bajos ingresos, que además sufren un elevado impacto o coste de oportunidad de la discapacidad en el conjunto de los ingresos del hogar. Así, en aquellos hogares con menos de 1.050€ netos mensuales nos encontramos con un 28,1% de personas de 25 a 64 años con limitaciones moderadas (22,3%) o graves (5,8%). Por el contrario, en los hogares que ganan más de 3.600 € mensuales apenas nos encontramos con 11,9% de personas con limitaciones moderadas (11,1%) o graves (apenas 0,8%). Esto es, hay casi tres veces menos personas con discapacidad en los hogares más ricos y siete veces menos personas con discapacidades de mayor gravedad. La intersección de la discapacidad con la clase social, por lo tanto, influye en las condiciones de vida y en las oportunidades vitales de la persona.

Gráfico 7. Limitación para las actividades de la vida cotidiana e ingresos mensuales netos del hogar. Población de 25 a 64 años. Porcentajes sobre cada categoría de ingresos.

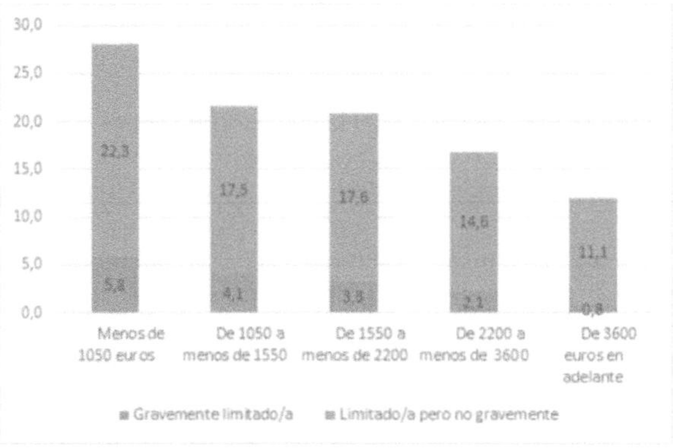

Fuente: Elaboración propia a partir de la Encuesta Nacional de Salud (ENSE, 2017).

3.2. Discapacidad y origen étnico

Si bien la presencia de la discapacidad entre la población inmigrante en nuestro país es menor que entre la población autóctona, de un 4,2% y de un 10,2% respectivamente para 2020, debido a que es una población más joven, el impacto de tener una discapacidad puede ser mucho mayor en este colectivo.

En un estudio realizado hace ya algunos años, analizábamos la situación de la población inmigrante con discapacidad en nuestro país (Díaz Velázquez et al., 2009). La realidad de este colectivo es bastante heterogénea, lo que implica diferencias muy importantes tanto en la atención recibida por su discapacidad como en sus oportunidades y trayectorias vitales. Así, las diferencias eran relevantes entre aquellas personas que tenían una discapacidad previa al proceso migratorio, entre las cuales uno de los motivos de migrar estaba relacionado con recibir una mejor atención a sus necesidades específicas de apoyo; y aquellas que adquirían una discapacidad en el proceso migratorio, ya fuera cuando se encontraban en nuestro país, o incluso en el propio trayecto migratorio, lo que principalmente se daba en inmigrantes de origen subsahariano que llegaban en pateras o cayucos a las costas españolas.

Las condiciones tan duras que experimentaban durante el viaje tenían como resultado que algunas personas fallecieran en el intento, pero también que otras sufrieran secuelas irreversibles, que implicaban la pérdida de extremidades superiores o inferiores. Ya en España, y puesto que los inmigrantes se ocupaban con mayor frecuencia en trabajos más penosos, peligrosos y precarios, corrían mayor riesgo de accidentabilidad y, por lo tanto, de adquisición de una discapacidad. Dicha adquisición suponía una transformación sustancial de su proyecto migratorio. Si la persona había migrado con la idea de trabajar y prosperar económicamente, tener una discapacidad suponía una importante barrera para acceder al empleo (sobre todo en trabajos que requerían el empleo de la fuerza física), que a su vez repercutía negativamente en su nivel de ingresos.

También las personas inmigrantes eran más vulnerables a los problemas de salud mental, en particular al denominado síndrome de Ulises (Achótegui, 2004), que podría derivar en trastornos limitantes más o menos permanentes. El hecho migratorio también implicaba contar con una red de apoyo informal menos extensa, en la medida en que, si no existía un reagrupamiento familiar, era más probable que la persona contara con menos contactos y con vínculos más débiles entre ellos. Además, el hecho de tener regularizada o no su situación administrativa en nuestro país, suponía diferencias importantes de acceso a los recursos sociales y sanitarios.

En todo caso, la población inmigrante con discapacidad hacía un menor uso de los recursos públicos, tanto generales como especializados, así como de aquellos de las entidades de discapacidad, en comparación con la población autóctona. Además, la fragmentación de los servicios sociales especializados por colectivos requiere un mayor esfuerzo por parte de los profesionales para facilitar una atención integral de la población migrante con discapacidad. Todas estas circunstancias tenían como resultado una mayor vulnerabilidad a la exclusión de este colectivo que en el conjunto de la población con discapacidad (Díaz Velázquez et al., 2009).

3.3. Discapacidad y edad

Según las cifras más recientes (Banco Mundial, 2022), casi un 10% de la población mundial tiene 65 o más años y es el grupo etario que crece más rápido. En términos demográficos, los datos confirman que la relación entre discapacidad y edad es incontestable, y que la incidencia de la discapacidad se incrementa intensamente conforme avanza la edad. De los casi 4,5 millones de personas con discapacidad residentes en España, más de 2,6 millones son personas adultas mayores.

Tabla 3. Población adulta mayor con discapacidad, por grupo de edad y sexo. Total, y porcentaje

	Mujeres	Varones	Total
2 a 34 (infancia y juventud)	145.504	231.731	**377.235**
35 a 64 (adultos)	731.464	647.209	**1.378.673**
65 o más (adultos mayores)	1.693.656	934.386	**2.628.042**
Total	**2.570.624**	**1.813.326**	**4.383.950**

Fuente: Elaboración propia a partir de la Encuesta de discapacidad, autonomía personal y situaciones de dependencia 2020 (INE, 2022)

Tal como se muestra a continuación, la población con discapacidad es una parte pequeña de la población general durante la infancia, la adolescencia y la madurez, pero su peso aumenta de forma muy significativa en la tercera edad, hasta representar la mayoría de la población en las edades más avanzadas (90 años y más).

Gráfico 8. Pirámide de población de España. Toda la población y población con discapacidad

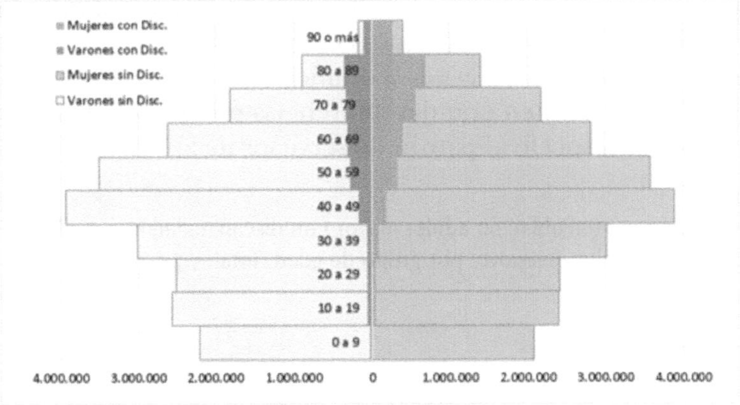

Fuente: Elaboración propia a partir de la Encuesta de discapacidad, autonomía personal y situaciones de dependencia 2020 (INE, 2022)

Aproximadamente un millón de personas mayores con discapacidad reconocen que reciben en su propio hogar apoyos de personas integrantes de su propia familia, aunque no residan en el hogar. La información evidencia una intensa feminización de los apoyos, siendo las hijas antes que los hijos quienes prestan de manera generalizada estos apoyos cuando falta la pareja, o aun incluso existiendo una pareja en el hogar.

Gráfico 9. Población adulta mayor con discapacidad que recibe apoyos en el hogar, según relación familiar con persona que le presta apoyos principales y grupo de edad. Total, y porcentaje

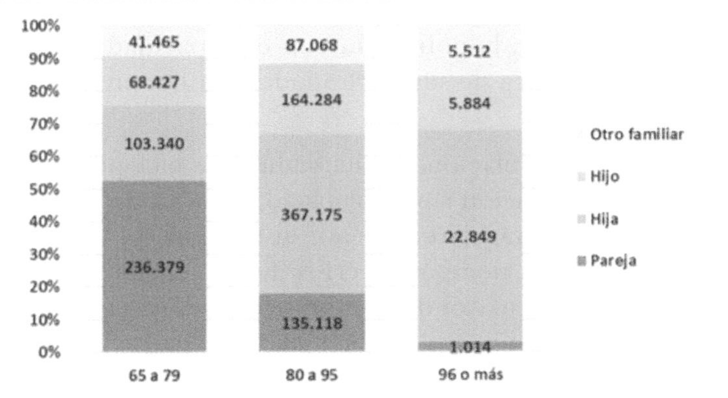

Elaboración propia a partir de la Encuesta de discapacidad, autonomía personal y situaciones de dependencia 2020 (INE, 2022)

En cuanto a los servicios de apoyo que se obtienen más allá de la familia, los recibidos más frecuentemente son aquellos proporcionados en la propia vivienda, tal es el caso de la teleasistencia, que recibe más de medio millón de personas mayores con discapacidad, y la ayuda a domicilio, que reconocen recibir más de cuatrocientas mil. No existen grandes diferencias por grupos de edad dentro de la población mayor respecto al patrón de servicios de apoyo recibidos.

Gráfico 10. Población adulta mayor con discapacidad que recibe servicios de apoyo, por grupo de edad. Total, y porcentaje

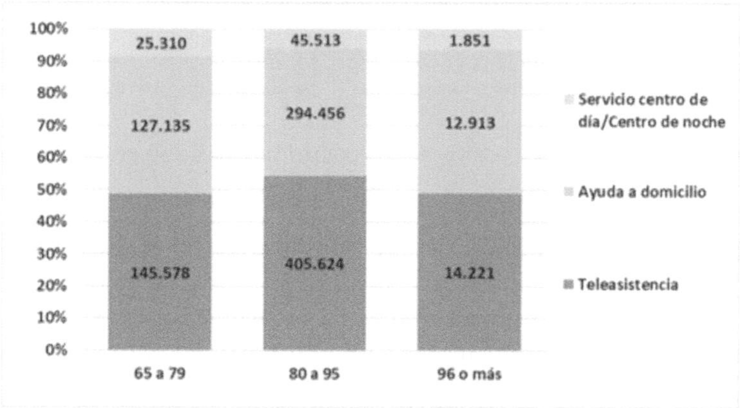

Elaboración propia a partir de la Encuesta de discapacidad, autonomía personal y situaciones de dependencia 2020 (INE, 2022)

La población con discapacidad mayor de 65 años suele necesitar, por lo tanto, una mayor intensidad de apoyos que la población con discapacidad en edad activa, debido a la intensificación de las discapacidades producto del envejecimiento. En todo caso, la población con discapacidad mayor suele tener una mejor cobertura pública de sus necesidades tanto a nivel de apoyos como a nivel económico.

Así, las pensiones de jubilación tradicionalmente han protegido mejor del riesgo de pobreza a la población con discapacidad mayor de 65 años que lo que lo hacen las prestaciones y transferencias por discapacidad en la población entre 16 y 64 años, sobre todo en tiempos de crisis. En la actualidad, un 20,8% de la población con discapacidad mayor de 65 años se encuentra en riesgo de pobreza, frente al 21, 7% de la población con discapacidad en edad activa, si bien en tiempos de crisis las diferencias eran mucho mayores entre ambos grupos (Eurostat, 2022).

3.4. Discapacidad y género

La población con discapacidad no se distribuye de manera homogénea por género. De los 4,5 millones de personas con discapacidad residentes en hogares en España, más de un 58% son mujeres. Aunque la discapacidad congénita o adquirida en los primeros años de vida es mayor en hombres que en mujeres, las mujeres tienen mayores probabilidades de adquirir una discapacidad durante el proceso de envejecimiento y de forma más temprana que los hombres. El número de mujeres con discapacidad es mayor que el de varones a partir de los 45 años.

Gráfico 11. Población con discapacidad por sexo y grupo de edad. Porcentaje del total de población

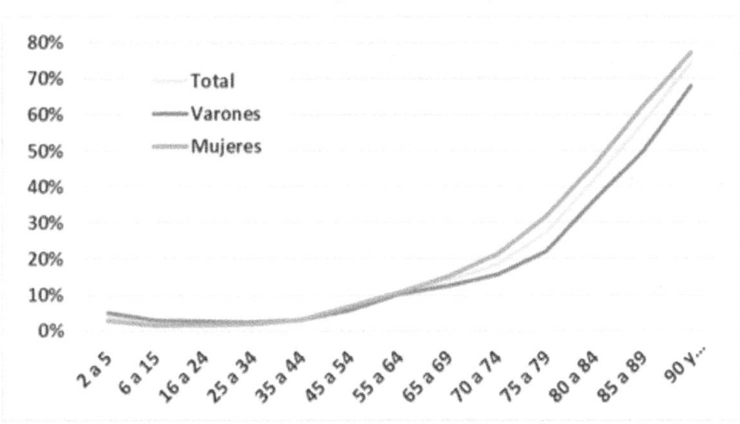

Fuente: Elaboración propia a partir de la Encuesta de discapacidad, autonomía personal y situaciones de dependencia 2020 (INE, 2022)

Las mujeres con discapacidad, en líneas generales, tienen un mayor riesgo de pobreza que los hombres con discapacidad —con diferencias muy acusadas respecto a la población general—. Y, en el caso de la pobreza extrema, afecta con mucha más frecuencia a mujeres que a varones con discapacidad. La tasa de pobreza extrema para las mujeres con discapacidad mayores de 64 años es prácticamente el doble que la de los varones de esa misma edad (Comisión Europea, 2021). De esta forma, a las mujeres con discapacidad les afecta especialmente la pobreza extrema, con una tasa que casi duplica a la del resto de la población.

Las diferencias de género en la población con discapacidad son también evidentes en el mercado de trabajo. Entre aquellas que trabajan, los salarios son más bajos que los de los hombres con discapacidad, con una brecha media de un 10,3% inferior para las mujeres con discapacidad, respecto a los varones con discapacidad, y mucho más si se toma como referencia la población masculina sin discapacidad. Por lo tanto, aunque se han reducido en los últimos años, persisten diferencias importantes en el empleo y las condiciones de trabajo entre hombres y mujeres con discapacidad. Eso, a pesar de que las mujeres con discapacidad presentan por lo general un mayor nivel de estudios que sus homólogos masculinos. Así, el 22,2% de las mujeres con discapacidad en edad activa cuentan con estudios universitarios por un 16,0% de los hombres y, por el contrario, un 18,8% de las mujeres cuenta con estudios primarios o inferiores por 21,4% de los hombres con discapacidad.

Estos mejores resultados educativos de las mujeres con discapacidad no quieren decir necesariamente que no existan desigualdades de género entre el alumnado con discapacidad. Así, la tasa del alumnado con NEE derivadas de una discapacidad es mucho más alta en niños (4,1%) que en niñas (1,9%). Eso implica una ratio de género del 0,46. Sin embargo, aunque la incidencia de la discapacidad en la infancia es mayor en varones que en mujeres, los datos de la EDAD2020 apuntan a una ratio de género más elevada, de 0,55 mujeres con discapacidad por cada varón con discapacidad. Estas diferencias en la ratio nos llevan a plantear la hipótesis de que existe una infradetección de las necesidades educativas especiales entre las niñas en nuestro sistema educativo, sobre todo en los trastornos del espectro autista. De la misma manera, es más probable que una niña con discapacidad esté escolarizada en educación especial (18,61%) que un niño con discapacidad (15,18%).

Pero, aparte de esta exclusión y desigualdad sistemática de los diferentes espacios de ciudadanía, también nos encontramos con que las mujeres con discapacidad han experimentado prácticas discriminatorias y de violencia institucional que han sido permitidas tanto social como legalmente hasta fechas muy recientes. Una de las formas más aberrantes de violencia hacia las mujeres con discapacidad es la esterilización forzada, que se ha aplicado especialmente a mujeres con discapacidad intelectual. En España la esterilización forzada de personas con discapacidad ha sido legal hasta fecha muy reciente. En el año 2020, se derogó el artículo 156 del Código Penal que permitía que las personas con discapacidad fueran esterilizadas sin ser informadas del procedimiento al que iban a ser sometidas. En otros países de Europa y el mundo, la esterilización forzada de mujeres con discapacidad sigue siendo una práctica legal que se aplica con frecuencia.

3.5. La discapacidad en contextos de privación y multiexclusión

En contextos de privación severa y pobreza extrema, el acceso a los recursos se ve particularmente vulnerado, no existiendo en muchas ocasiones una adecuada detección de la discapacidad y, mucho menos, una detección temprana. La falta de detección implica que no se pongan en marcha los recursos de apoyo y atención que las personas con discapacidad pudieran necesitar y, de esta manera, se acentúen las situaciones de vulnerabilidad y exclusión y, por lo tanto, se incurra en una suerte de círculo vicioso del que es imposible salir. Los poderes públicos deben hacer especial esfuerzo por dar respuesta y cobertura a estas situaciones de extrema vulnerabilidad para garantizar los derechos humanos de las personas con discapacidad y sus familias, particularmente en el caso de los menores con discapacidad, y evitar así el agravamiento de dichas circunstancias.

El mayor riesgo de exclusión implica una mayor probabilidad de caer en la marginalidad y la delincuencia y, como consecuencia, verse afectado por el sistema penal penitenciario. En el año 2007 llevamos a cabo un estudio (Huete y Díaz, 2008) sobre la situación de las personas con discapacidad en el medio penitenciario en el que pudimos contrastar que, al igual que en la población general, las personas con discapacidad involucradas en el proceso penal penitenciario por lo general han crecido en un contexto de riesgo social, con deprivación y escasez de redes y recursos de apoyo. En ocasiones, el ambiente familiar y relacional en que se desenvuelven las personas con discapacidad se acerca más a un factor de riesgo que a un factor de protección contra el proceso delictivo.

En nuestro estudio detectamos que muchas personas con discapacidad que se encontraban cumpliendo penas dentro del sistema penitenciario no habían recibido una valoración y reconocimiento de discapacidad previo al proceso, y no fue hasta que entraron en prisión, que recibieron una valoración de discapacidad. En la actualidad, uno de cada diez reclusos cuenta con una discapacidad.

Tabla 4. Población reclusa con discapacidad en España

	Año 2018
Presos en hospitales psiquiátricos penitenciarios	445
Presos con discapacidad	4.997
Población reclusa total	50.461
% de presos con discapacidad	9,9%

Fuente: Observatorio Estatal de la Discapacidad (2018).

Por otro lado, el consumo de sustancias tóxicas entre la población penitenciaria es muy alto, el cual se asocia a los factores de riesgo tanto de acceso al ciclo delictivo como de adquisición de la discapacidad, siendo frecuentes las patologías duales. Aunque existen recursos de atención a las personas con discapacidad dentro de los centros penitenciarios y es encomiable, particularmente, la labor que realizan entidades como Plena Inclusión y la Confederación Salud Mental España, existen carencias en el sistema penal-penitenciario que dificultan las condiciones de las personas con discapacidad, ya sea por falta de accesibilidad de los centros, ya sea porque los centros penitenciarios no son los lugares más adecuados para el cumplimiento de las penas impuestas.

4. Conclusiones. Hacia una intervención social interseccional

Si bien, a día de hoy, los entes encargados de generar estadísticas sobre la discapacidad siguen empleando el modelo médico, de los datos se puede inferir que la discapacidad es una forma compleja de discriminación que se construye socialmente. La incidencia de la discapacidad es mayor en las clases sociales más bajas y en los contextos sociales de mayor vulnerabilidad. De la misma manera, tener una discapacidad implica una peor posición en nuestro sistema de estratificación social.

La población con discapacidad, y en especial las mujeres con discapacidad, son objeto de discriminación en todos los espacios de ciudadanía, aunque de algunos tenemos más información, como son la educación y el mercado de trabajo. Las intervenciones sociales en este ámbito, por tanto, resultan necesarias, pero no son suficientes. Existen otros contextos relacionados con la participación social y la ciudadanía cuya mejora en términos de inclusión resulta clave.

Las personas con discapacidad forman parte de una realidad social compleja y, por lo tanto, se encuentran también afectadas, de manera interseccional, por otras formas de discriminación y exclusión, por lo que el enfoque interseccional es imprescindible en la intervención social, dando respuestas integrales que vayan más allá de los recursos estancos diseñados por colectivos de intervención.

Reducir la desigualdad social por razón de discapacidad, tanto con políticas que proporcionen apoyos como con políticas que transformen un entorno *discapacitante*, es imprescindible para garantizar la participación de este colectivo en igualdad de condiciones que el resto de la población en todos los espacios de ciudadanía. Dentro del amplio abanico de políticas de apoyo a las personas con discapacidad podemos encontrarnos, entre otros, la asistencia personal (y otros servicios de apoyo personal), las ayudas técnicas o productos de apoyo, los apoyos para el ejercicio de la capacidad jurídica o los recursos y ayudas económicas (en forma de becas, prestaciones, subsidios, exenciones y bonificaciones, reducciones de cuotas, etc.).

Pero las actuaciones no pueden reducirse sólo a proporcionar apoyos a las personas con discapacidad. Esta ha sido la respuesta social clásica al colectivo: la rehabilitación y la ayuda a la persona para que su adaptación o asimilación a un entorno social que no dejaba de ser discapacitante. El cambio social necesario para lograr la inclusión del colectivo pasa fundamentalmente por transformar el entorno. Para ello se requieren políticas de accesibilidad universal y diseño para todas las personas, la creación de espacios de ciudadanía inclusivos (partiendo de la educación pero no únicamente), políticas de acción afirmativa, de lucha contra la discriminación y de eliminación de prejuicios y estigmas, políticas de regulación e intervención en el mercado de trabajo (no sólo incentivando la contratación sino estableciendo cuotas obligatorias), de prevención de los factores discapacitantes del entorno y que afectan más a las clases sociales más vulnerables, etc. Y esto debe hacerse con una intervención transaccional, que tenga en cuenta todas las situaciones y contextos de discriminación que existen en nuestras sociedades. Porque, cuando pensamos en una sociedad inclusiva, tenemos que construirla pensando en toda la diversidad y la complejidad que forma parte de ella, no de forma parcelada. En este caso, el trabajador social debería adoptar un rol de agente de cambio.

Lectura recomendada

Povedano, S. (2022). Una mirada interseccional sobre la accesibilidad a prestaciones y servicios públicos de salud para personas con discapacidad. *Conciencia Social. Revista digital de Trabajo Social*, 6 (11). 186-198. Recuperado de: https://revistas.unc.edu.ar/index.php/ConCienciaSocial/article/view/39220

Este artículo de Sofía Provenzano adopta una mirada interseccional para analizar la discriminación específica que se produce hacia la población con discapacidad en los sistemas de salud, relacionando formas emergentes con componentes de género, clase, etnia, nacionalidad y edad.

Actividades de repaso

1. Indica si las siguientes afirmaciones son verdaderas o falsas, y explica por qué:
   1. En nuestra sociedad existe el mismo número de mujeres y varones con discapacidad.
   2. La discapacidad no se distribuye de forma similar en todas las clases sociales.
   3. La discapacidad es, fundamentalmente, una cuestión relacionada con problemas de salud que ocurren en el nacimiento.
2. Reflexiona y encuentra ejemplos concretos en el centro educativo en el que estudias actualmente, o en último que has estudiado, que suponen barreras, es decir, que son discriminatorios para las siguientes personas (entre paréntesis te ponemos un ejemplo como sugerencia, añade tú algunos más):
   1. Personas con discapacidades de la audición (por ejemplo, proyecciones sin subtitulado o exposiciones orales sin intérprete de lengua de signos).
   2. Personas con movilidad reducida (por ejemplo, la existencia de escalones, puertas estrechas o mobiliario fijo).
   3. Personas con discapacidad psicosocial o problemas de salud mental (por ejemplo, la obligatoriedad de permanecer sentado/a en silencio durante horas).

Resumen

Tradicionalmente, la literatura científica sobre desigualdad y estratificación social se ha centrado en el análisis de tres ejes principales: la clase social, el género y el origen étnico. Sin embargo, desde el campo de los estudios sobre discapacidad, tanto a nivel nacional como internacional, se ha puesto énfasis en la consideración de la discapacidad como factor de desigualdad y estratificación en las sociedades contemporáneas, que a su vez interacciona con los otros ejes de estratificación mencionados.

En este capítulo nos proponemos identificar las causas y consecuencias de la desigualdad por razón de discapacidad, así como analizar su relación con otros ejes de estratificación como la clase social, el género, el origen étnico o la edad. Pondremos especial énfasis en identificar el papel que juega la presencia de la discapacidad en contextos de privación y multiexclusión, que debido a su complejidad requieren una respuesta global, coordinada e interdisciplinar de los profesionales de la intervención social, así como del conjunto de las políticas sociales, y que en muchas ocasiones no reciben atención adecuada de un sistema de servicios sociales organizado en un segundo nivel en recursos especializados que corren el riesgo de actuar como compartimentos estancos.

Glosario

- **Desigualdad:** Diferencias socialmente significativas que dividen y separan a los individuos de una sociedad, así como las diferencias en la posición en el sistema de estratificación social según la clase, el género, el origen étnico, la edad o la discapacidad, entre otras variables.
- **Capacitismo:** representación simbólica de la discapacidad como una condición devaluada o de inferioridad frente a unos supuestos parámetros de normalidad o de integridad corporal.
- **Discapacitismo:** conjunto de supuestos y creencias (conscientes o inconscientes) y de prácticas que promueven un trato desigual y discriminatorio hacia las personas a causa de sus (reales o supuestas) discapacidades.
- **Discriminación:** Trato desigual, injusto o de desventaja que se da a un colectivo o una persona por el mero hecho de formar parte de dicho colectivo.
- **Estratificación:** Sistema a través del cual una sociedad clasifica a los colectivos o grupos de personas de un modo jerárquico según categorías adscritas o adquiridas, que incluso pueden ser asignadas por el grupo social dominante.
- **Exclusión:** Falta de participación o la participación aminorada de una persona o un colectivo en los espacios que configuran la vida social y ciudadana debido a las barreras estructurales y simbólicas.
- **Interseccionalidad:** Enfoque analítico que identifica las desigualdades existentes en una sociedad a partir de la superposición de diferentes factores interrelacionados entre sí, como la clase social, el género, la discapacidad, el origen étnico, la orientación sexual, la religión o la edad, entre otros.
- **Privación:** carencia de recursos y bienes suficientes para vivir de forma digna.

Bibliografía

Abberley, P. (2008). El concepto de opresión y el desarrollo de una teoría social de la discapacidad, en Barton, L. (comp.): *Superar las barreras de la discapacidad.* Ediciones Morata, 34-50.

Achótegui, J. (2004). Emigrar en situación extrema: el síndrome del inmigrante con estrés crónico y múltiple (síndrome de Ulises). *Norte de Salud Mental,* 21, 39-52.

Almendra, J. C. (2015). La importancia de la interseccionalidad para la investigación feminista. *Oxímora Revista Internacional de Ética y Política,* 7, 119-137.

Banco Mundial (2022). *Datos de libre acceso del Banco Mundial.* Recuperado de: https://datos.bancomundial.org/indicator/SP.POP.65UP.TO.ZS

Comisión Europea (2021). *Estrategia sobre los derechos de las personas con discapacidad 2021-2030.*

Díaz Velázquez, E., Huete García A., Huete García, M. A., y Jiménez Lara, A. (2009). *Las personas inmigrantes con discapacidad en España.* Ministerio de Trabajo e Inmigración, Observatorio Permanente de la Inmigración.

Díaz Velázquez, E. (2017). *El acceso a la condición de ciudadanía de las personas con discapacidad en España. Un estudio sobre la desigualdad por razón de discapacidad.* Cinca.

Eurostat (2022). *Statistics on Income and Living Conditions* (EU-SILC). https://ec.europa.eu/eurostat/web/main/data/database.

Huete García, A. y Díaz Velázquez, E. (2008). *Las personas con discapacidad en el medio penitenciario en España.* Cinca-CERMI.

Instituto Nacional de Estadística (2013). *Encuesta de Integración Social y Salud. 2012.* INE. https://www.ine.es/dyngs/INEbase/es/operacion.htm?c=Estadistica_C&cid=1254736176987&menu=resultados&idp=1254735573175.

Instituto Nacional de Estadística (2018). *Encuesta Nacional de Salud, ENSE 2017.* INE. https://ine.es/dyngs/INEbase/es/operacion.htm?c=Estadistica_C&cid=1254736176783&menu=ultiDatos&idp=1254735573175

Instituto Nacional de Estadística (2022a). *El empleo de las personas con discapacidad. Año 2021.* INE. https://www.ine.es/dyngs/INEbase/es/operacion.htm?c=Estadistica_C&cid=1254736055502&menu=ultiDatos&idp=1254735573175.

Instituto Nacional de Estadística (2022b). *Encuesta de discapacidad, autonomía personal y situaciones de dependencia. 2020.* INE. https://www.ine.es/dyngs/INEbase/es/operacion.htm?c=Estadistica_C&cid=1254736176782&menu=ultiDatos&idp=1254735573175.

Instituto Nacional de Estadística (2023). *El salario de las personas con discapacidad. Año 2021.* INE. https://www.ine.es/dyngs/INEbase/es/operacion.htm?c=Estadistica_C&cid=1254736176911&menu=ultiDatos&idp=1254735573175.

MEFP (Ministerio de Educación y Formación Profesional) (2023). *Estadística de enseñanzas no universitarias, curso 2021/22*: http://www.educacionyfp.gob.es/servicios-al-ciudadano/estadisticas/no-universitaria.html.

Organización de Naciones Unidas. (2006). *Convención sobre los Derechos de las Personas con Discapacidad.* Ratificada por España en 2008.

Observatorio Estatal de la Discapacidad (OED) (2018): *La situación de la población reclusa con discapacidad en España.* Disponible en: www.observatoriodeladiscapacidad.info.

Observatorio Estatal de la Discapacidad (OED) (2022): *Informe Olivenza 2021.* Disponible en: www.observatoriodeladiscapacidad.info.

Solucionario

1. FALSO. Hay más mujeres que varones.
2. FALSO. Pobreza y discapacidad tienen una relación directa. La tasa de discapacidad es más baja en las clases altas.
3. FALSO. La discapacidad generalmente ocurre a lo largo de la vida.

Imaginarios sociales sobre discapacidad en Trabajo Social: cuando los prejuicios nos impiden aprender

MARÍA DE LAS MERCEDES SERRATO-CALERO
Universidad de Huelva. Departamento de Sociología, Trabajo Social y Salud Pública

Guion

1. Introducción: Algunas reflexiones imprescindibles sobre discapacidad y trabajo social
2. El modelo médico y sus evidentes manifestaciones contemporáneas.
   2.1. De la deficiencia corporal a la falta de autonomía física.
   2.2. Rehabilitación y normalización como imposiciones medicalizadoras
3. Manifestaciones del modelo moral: cuando la falta de autonomía trasciende lo físico
   3.1. La discapacidad como fórmula de redención profesional
   3.2. La (in)moralidad del sujeto con discapacidad
4. La discapacidad desde un enfoque Interseccional
   4.1. La infantilización
   4.2. Del paternalismo a la incapacitación social
   4.3. Desgenerización y desexualización: eterna niñez impuesta
5. Capacitismo interiorizado
   5.1. Capacitismo interiorizado en el alumnado: eficacia versus autonomía
   5.2. Capacitismo interiorizado en el profesorado: del desconocimiento a la condescendencia
6. Conclusiones

Objetivo central

Dotar al alumnado de trabajo social de estrategias que les permitan identificar los estigmas y prejuicios capacitistas que, con frecuencia, dificultan una adecuada práctica profesional.

Objetivos del capítulo

- Construir estrategias que permitan identificar prejuicios capacitistas que no se advierten a simple vista en el contexto profesional del trabajo social.
- Reflexionar, desde una perspectiva crítica, sobre el papel del trabajo social con personas con discapacidad.
- Aprender a implementar una perspectiva crítica sobre discapacidad de forma trasversal en trabajo social.

Conceptos clave: Discapacidad, capacitismo, imaginarios sociales, prejuicios, estigmas.

1. Introducción: algunas reflexiones imprescindibles sobre discapacidad y trabajo social

Hace más de dos décadas que el *Informe Mundial sobre la Discapacidad* exponía la insuficiencia de recursos sobre discapacidad, no sólo en referencia a recursos políticos o materiales, sino especificando la insuficiencia formativa de las y los trabajadores y asistentes sociales (OMS, 2011). Por ello, este capítulo pone el foco en esas barreras conceptuales que, en muchas ocasiones, hacen que el alumnado no reflexione sobre las diferentes formas de ser, estar o tener que atraviesan las vidas de las personas. Los y las trabajadoras sociales deben, debemos, acompañar a las personas, familias, grupos o comunidades en sus procesos vitales. Pero ¿se poseen las herramientas necesarias para hacer esto respetando los derechos de las personas con discapacidad?

Asumimos que ningún objeto de estudio está libre de la subjetividad de quien escribe y sus circunstancias. Esta aportación poderosa, que dota de legitimidad a los puntos de vista y reivindica el conocimiento situado como un espacio lícito de producción de saberes pertenece a la autora feminista Donna J. Haraway (1995). Con apoyo en esta idea, quien firma este capítulo asume como su conocimiento situado nutre su producción de saberes, al igual que su práctica profesional. Haber sido primero una alumna con discapacidad de trabajo social, para posteriormente ser una profesora con discapacidad en esta materia, llega a aportarme una singular forma de entender las lógicas epistémicas que el trabajo social produce y replica. En muchos casos, se trata de lógicas capacitistas (Campbell, 2001), cuando no discapacitistas (Sanmiquel-Molinero, 2020, p. 2). Del mismo modo, he presenciado, a veces con extrañeza, casi siempre con sorpresa, cómo el alumnado integra e interioriza dichas lógicas en su aprendizaje profesional., esta indeseada deriva de la formación en trabajo social contraviene la definición más básica de la disciplina (Federación Internacional de Trabajo Social, 2014), así como una práctica docente que debe encaminarse hasta nuevos modelos no estigmatizantes (Yerga-Miguez, Serrato-Calero y Reina-Aguilar, 2023).

En gran medida, el origen del problema que se expone parte de algo tan básico como el desconocimiento que el alumnado universitario posee sobre la discapacidad en términos generales (Suárez-Lantarón, Díaz-Gómez y García-Perales, 2022). Esto propicia que, desde diferentes profesiones, se sigan generando barreras para la inclusión, pues se perpetúan prácticas capacitistas aún sin tener conciencia de ello.

Resulta innegable el avance que en las últimas décadas han experimentado los Estudios de Discapacidad en español. Desafortunadamente, mi experiencia actual me dice que estos avances teóricos son muy desconocidos para el alumnado. En parte por falta de curiosidad, y en parte porque estos contenidos científicos no abundan en los estudios de grado y posgrado de trabajo social. Esto se correlaciona y retroalimenta con la distorsión que experimenta una sociedad que aún no ha interiorizado los cambios ideológicos y políticos que plantean los movimientos sociales y académicos en materia de derechos de las personas con discapacidad. Es decir, pareciera que sólo un pequeño porcentaje poblacional ha llegado a comprender que la discapacidad es el resultado de que determinadas personas vivan en un entorno incapaz de acogerlas adecuadamente, atendiendo sus necesidades y respetando sus proyectos de vida.

Retomando el objetivo central, se presenta un capítulo autorreflexivo donde se recogen, de forma sistematizada, ideas previas, conceptos, estigmas o prejuicios que el alumnado de trabajo social suele manifestar sobre personas con discapacidad. En la mayoría de los casos, no se trata de una agresión voluntaria, sino resultado de un sistema capacitista que, paradójicamente, también alcanza a las profesiones que luchan contra la discriminación o las injusticias sociales. A lo largo de estas páginas, del mismo modo que se aprecian estas conductas o ideas, se proponen fórmulas para deconstruirlas, tomando como base los Estudios Críticos de la Discapacidad (Goodley, 2017; Sanmiquel-Molinero, 2020). En cuanto al riesgo de la perpetuación de imaginarios sociales, estigmas o prejuicios en el aprendizaje sobre discapacidad en general, y en el contexto del trabajo social en particular, se realizan algunas aproximaciones teóricas, básicas pero imprescindibles.

Los imaginarios sociales son esquemas de representación mediante los cuales podemos explicar, percibir o configurar aquello que entendemos por realidad. Los imaginarios establecen pautas que determinan lo que es aceptable, o no, en una sociedad, se adquieren por aprendizaje social y se relacionan con las creencias religiosas, la ideología o los valores morales (Baeza, 2011). Los imaginarios también generan estigmas y prejuicios. Los estigmas son atributos que propician descrédito o infravaloración de una persona, grupo o comunidad. Esta atribución puede generar descalificaciones, discriminaciones o incluso, violencia (Goffman, 1989). Por su parte, los prejuicios son el afecto o la evaluación negativa que se realiza sobre personas, grupos y o comunidades (Huici, 1996). Ambos fenómenos sociales, que con frecuencia convergen y culminan en situaciones de discriminación, están muy presentes en los análisis sobre la discapacidad.

En esta línea, en la disciplina del trabajo social, los prejuicios capacitistas operan de una forma singular. Si bien las discriminaciones por cuestión de etnia o clase tienen una connotación negativa, la discriminación capacitista, o incluso discapacitista (Sanmiquel-Molinero, 2020, p. 2), goza de una falsa bonhomía basada en un paternalismo, o maternalismo, y una suerte de protección malentendida, que deriva en una restricción tanto de la autodeterminación de las vidas de las personas con discapacidad de cualquier edad, como, y de forma especialmente grave, culmina con una restricción notable de acceso a los recursos.

Seguidamente, se detallan los imaginarios sociales más frecuentes y los prejuicios y estigmas que los soportan.

2. El modelo médico y sus evidentes manifestaciones contemporáneas en el trabajo social

Paradigmas y modelos que debieran estar desterrados siguen presentes en la sociedad capacitista actual. No parece haber permeado la evolución teórica y conceptual que en las últimas décadas ha llevado a entender que la discapacidad no es un problema médico individual de determinadas personas, sino un problema social producido por una estructura capacitista (Jiménez y Serrato, 2014). Esto lleva a dos cuestiones centrales: de un lado la discapacidad como falta de autonomía física, y por otro, a asumir un enfoque rehabilitador y normalizador. En esta línea, se desgranan las causas y consecuencias de estos constructos, aportando ejemplos que faciliten su comprensión.

2.1. De la deficiencia corporal a la falta de autonomía física

Como ya se ha expuesto, aún persiste la idea de que la discapacidad es una deficiencia corporal que, de forma directa, implica una falta de autonomía física. En esta línea, cuando el alumnado pretende hacer un trabajo sobre personas con discapacidad, suele partir, al menos en mi experiencia, de premisas y generalizaciones como: “Estas personas no pueden hacer *x*” o “Estas personas necesitan ayuda para lavarse”. Cuando intento reconducir la acción, planteando simplemente que las personas podrían manifestar algo diferente, tener otras prioridades o requerir apoyos para el aseo diferentes a una tercera persona que realice esta tarea, a la cara de extrañeza sigue la pregunta: “¿Cómo no van a querer eso?”. Este ejemplo evidencia que aún los y las profesionales en formación no parecen preparadas para asumir que las personas con discapacidad tomen decisiones sobre su vida y sus apoyos.

También se observa esta tendencia de basar la práctica profesional en el déficit durante algo tan frecuente en el aprendizaje de trabajo social como son los ejercicios de casos prácticos. En dichos casos, se plantea una situación hipotética, con más o menos información, y queda encomendada a quien realiza la práctica o el examen, la difícil tarea de resolver el caso. La experiencia me ha brindado curiosos ejemplos en el desarrollo de estas actividades, sobre todo cuando aparece la variable discapacidad. En este sentido, se debe romper una lanza a favor de quien debe resolver el caso, pues en muchas ocasiones la información que se proporciona es muy escasa. A veces, solo se informa de que la persona tiene una discapacidad, seguida del porcentaje de la misma. Ya cuando era alumna advertí el efecto que la cifra del porcentaje de discapacidad causaba en el estudiantado. Mis compañeras se agarraban a ese número para decretar cosas tan serias como la retirada de un menor en los ejercicios de casos prácticos.

En ocasiones, para hacerles ver su error, confrontaba la situación alegando mi propio porcentaje de discapacidad. Entonces solía ocurrir algo extraño, y es que no creían que una compañera suya, que estudiaba en la misma facultad y que iba sacando su carrera adelante, pudiera tener un 75% de discapacidad, un grado que a ellas les hacía pensar en una situación de dependencia que no verbalizaban pero que dejaban entrever como trágica. Asimismo, ante un caso de un hombre con un 58% de discapacidad en situación de desempleo, he presenciado como mi alumnado ha querido buscarle alguna prestación al sujeto, generalmente una no contributiva, pero a nadie se le ocurrió derivarlo a un servicio de intermediación laboral específico para población con discapacidad.

Cabe detenerse aquí en el concepto de colectivo, y como este debiera suscitar un profundo debate en el trabajo social actual. Sería deseable entender que las personas con discapacidad también son una población, una muy heterogénea, unida por la discriminación o la opresión política, pero con necesidades y vindicaciones diversas. Por supuesto, no se ignora que plantear una concepción tan abierta de lo que se ha construido como discapacidad supone un problema ante la lógica práctica de las intervenciones sociales, que en demasiadas ocasiones parecen buscar recetas altamente estandarizadas para administrar a sujetos, familias, grupos o comunidades.

En este punto, es recomendable reflexionar sobre el concepto de discapacidad y el baremo de esta. La discapacidad, como concepto, puede llegar a ser correoso o difícil de manejar para quienes lo estudian. La concepción de un todo global, en que existe un colectivo de personas unidas por el déficit en una especie de saco de lo no funcional (Jiménez y Serrato, 2014) es irreal, aunque es lo más sencillo de gestionar en una profesión que se precia de trabajar desde, por y para los colectivos.

En cualquier caso, es necesario reflexionar sobre la acreditación administrativa de la situación de discapacidad. Quizás, para establecer el punto de partida, sea preciso recordar que el hecho de que la discapacidad sea una situación medida, acreditada, baremada y certificada no es algo universal. De hecho, son muchos los países del mundo donde este procedimiento no existe (Barnes, 2010). También se debe tener presente que la discapacidad varía considerablemente en función del contexto sociodemográfico, por lo que cuestiones como el sistema sanitario o la siniestralidad de un país modifican y condicionan las características de esta población (OMS, 2011). En España la acreditación de la situación de discapacidad depende de las diferentes comunidades autónomas que, en mayor o menor medida, realizan la baremación en base a lo establecido en la Clasificación Internacional del Funcionamiento, de la discapacidad y de la Salud (OMS,

2001). A través de la combinación de aspectos médicos, psicológicos y sociales se establece el tipo y grado de discapacidad de la persona, expresando este último mediante una cantidad porcentual. Se debe entender que esta evaluación es relativa, dependiente de muchos factores e incluso, se debe considerar que en ocasiones intervienen determinados sesgos en ella.

En definitiva, reducir la discapacidad al grado administrativamente asignado es entender la discapacidad desde el modelo médico. Por eso, el porcentaje no debería ser el único indicador tenido en cuenta a la hora de valorar las problemáticas sociales de las personas con discapacidad. Por el contrario, deberían consideradarse cuestiones más importantes como la accesibilidad de sus entornos físicos o virtuales, las redes de apoyo o los recursos de los que estas personas pueden disponer, o no.

2.2. Rehabilitación y normalización como imposiciones medicalizadoras

Continuando con las limitaciones a las experiencias de ciudadanía de las personas con discapacidad, es preciso observar cómo determinados paradigmas y modelos, de naturaleza tradicional o medicalizadora, subsisten y se adaptan a realidades contemporáneas y neoliberales. Es necesario incidir en lo perjudicial de entender siempre la discapacidad como una enfermedad. No solo por la postura pasiva que se asigna a las personas enfermas, sino porque la finalidad de las enfermedades es la curación, lo cual no es muy práctico para trabajar por la situación de personas que son discriminadas por un sistema capacitista. Afortunadamente, cada vez es menos frecuente, pero aún encuentro alumnas y alumnos que, para hablarme de una persona con discapacidad que conocen, dicen que "está enferma", o algo aún peor, "está malito".

Esta tendencia de trabajar desde lo médico o rehabilitador puede suponer una enorme brecha entre lo que las personas con discapacidad consideran como necesario para ellas y lo que las instituciones y servicios les ofrecen. En una ocasión, una alumna que había experimentado una amputación de un brazo quiso compartirme parte de su experiencia. Había contactado con una asociación de personas amputadas, donde, para su sorpresa, sólo la asesoraron en materia de prótesis. Ella, como mujer con discapacidad y futura trabajadora social, realizó una reflexión muy interesante sobre como habría preferido tener atención psicológica especializada, un grupo de apoyo, un espacio seguro para compartir experiencias y dudas, y no un asesoramiento encaminado a una prótesis que, en cierto modo, perseguía normalizarla. Además, compartió su decepción cuando, tras adquirir el brazo artificial, no mejoró su estado emocional. Este ejemplo debe invitar a la reflexión sobre cómo, no sólo nuestra profesión, sino los entornos en que trabajamos replican lógicas que no alcanzan a atender los intereses reales de las personas usuarias. Anteponer la normalización que implica una prótesis a otros aspectos del proceso de amputación de un miembro, evidencia de forma clara cómo el capacitismo por parte del estamento profesional permea la práctica profesional del trabajo social.

3. Manifestaciones del modelo moral: cuando la falta de autonomía trasciende lo físico

El modelo moral de la discapacidad puede considerarse una variante o una parte del paradigma de prescindencia abordado en capítulos anteriores, y establece una vinculación de la discapacidad con el carácter de las personas. Este modelo impone imaginarios, estigmas y prejuicios que operan de forma singular, y en ocasiones muy polarizada, cuando se trata de personas con discapacidad. A continuación, se ofrecen ejemplos de las diferentes manifestaciones que este modelo produce.

3.1. La discapacidad como fórmula de redención profesional

El capacitismo de los profesionales está considerablemente atravesado por concepciones moralistas que pueden llevar a profesionales a entender que trabajar con personas con discapacidad añade un valor positivo a su trabajo. En una ocasión, una amiga que también tiene discapacidad, tras finalizar su primera carrera universitaria decidió matricularse en la por entonces denominada Diplomatura en Educación Especial. Al mes, anuló la matrícula. Cuando le pregunté por qué había hecho aquello me respondió: "Esa clase estaba llena de gente que quería ganarse una parcelita en el Cielo". Este ejemplo ilustra a la perfección la redención moral que a veces se busca, o incluso algunas personas encuentran, en el trabajo con personas con discapacidad. Es algo muy interiorizado y asumido, también en el alumnado con que me he encontrado. Cada vez que imparto docencia a una clase con la que no he trabajado antes les pido que se presenten. Para ello, deben decirme su nombre, procedencia y por qué están ahí. La respuesta más repetida era: "Porque me gusta ayudar a las personas". El "era" se debe a que en la actualidad aviso previamente de que no quiero escuchar esa respuesta. Por supuesto, podemos asumir la bondad humana como algo positivo pero, ¿hemos reflexionado alguna vez en profundidad sobre esa idea de que nos guste ayudar a las personas? Aunque la vinculación de la discapacidad a un medio de redención del cuerpo capacitado data de la Edad Media, se mantiene actualmente.

Es importante clarificar que las cuestiones de justicia social no deben ser un gusto o una afición, sino un compromiso ético y moral. Además, la superioridad moral que entraña un planteamiento en que una persona "perfecta", intelectualmente "superior", con control sobre la información o los recursos, ayudando a una persona considerada inferior, no es el ideal de acompañamiento y práctica profesional respetuosa que el trabajo social debe inculcar.

3.2. La (in)moralidad del sujeto con discapacidad

3.2.1. La discapacidad y la hipermoralidad

Si en el apartado anterior, la moral de profesionales se ve enriquecida por la interacción con la discapacidad, en este caso se observa la diferencia cuando el foco moral pasa a ponerse sobre la persona con discapacidad, y las exigencias sociales que esto le genera. La atribución de la hipermoralidad se vincula singularmente con el concepto de perfección impuesta que suele recaer sobre las personas con discapacidad. En estrecha relación con el imaginario social de la infantilización, la inocencia o la eterna niñez de quienes no llegarán a ser percibidas socialmente como personas adultas, se encuentra un ideal de perfección con el que las personas con discapacidad deben cumplir. No se relaciona tanto con una perfección física o estética, pues ya se sabe que el propio constructo de discapacidad se aleja de esta idea, pero si se vincula a la perfección moral y conductual.

En un sentido similar y paradójicamente opuesto, la hipermoralidad dota a las personas con discapacidad de una singular prebenda social, relacionada con no hacer nada malo o incorrecto. En este punto siempre recuerdo a una alumna que, desde su buena intención, llegó a afirmar en una clase que a ella las personas con discapacidad no podían caerle mal. Yo, para hacerle ver lo disparatado de ese pensamiento le propuse que le iba a suspender la asignatura para comprobar si podía caerle mal o no. Bromas a un lado, no se debe olvidar que los prejuicios positivos son nocivos igualmente, pues colocan a estas personas en una posición de otredad lo que genera un riesgo de vulnerabilidad considerable, afectando a su credibilidad y su posibilidad para tomar decisiones.

3.2.2. La discapacidad y la inmoralidad

En relación con la perfección impuesta ya comentada, cabe señalar como la atribución de inmoralidad se construye en base a la ruptura de la imposición de perfección. Esto se observa con claridad cuando las personas con discapacidad no se comportan o relacionan como se espera. De este modo, cualquier conducta que se aleje de este presupuesto, se califica rápidamente como disruptiva, disfuncional o indeseada. Se trata de una cuestión que resulta especialmente compleja en personas con discapacidad psicosocial, quienes se ven sometidas en muchas ocasiones a una vigilancia muy estricta de su comportamiento, lo cual puede ser contraproducente en muchos procesos.

En esta línea, no puede obviarse el propio bagaje histórico y profesional que articula el trabajo social en España. Nuestra disciplina aún debe revisarse factores tan poco deseables como el paternalismo, los mecanismos de control o el asistencialismo (Morán-Carrillo y Flores-Sánchez, 2018).

En relación con el control, a modo de ejemplo, a veces resulta desesperante como el alumnado interioriza ideas del tipo "la gente miente" o "la gente engaña a los servicios". La instalación en esa sospecha constante, sin indicios reales o pruebas, no hacen que la práctica profesional sea mejor.

3.2.3. La discapacidad y la amoralidad

Como último aspecto del modelo moral, es preciso señalar como opera la concepción de las personas con discapacidad como amorales en su experiencia vital. Se trata de otra paradoja, soportada en puntos similares a los ya comentados, pero tomando un singular giro que, en esta ocasión, conduce a minimizar conductas o actitudes negativas, siendo extremadamente indulgente con ellas. Es algo relativamente frecuente en la experiencia de personas con discapacidad intelectual o del desarrollo. En una formación destinada a personas con discapacidad intelectual, un alumno insultó a la trabajadora social que impartía la clase. Ella lo minimizó, poco menos que argumentando que él no sabía lo que decía. Del mismo modo que no se deben calificar como disruptivas todas las conductas puntuales que pueden tener origen en la falta de apoyos o recursos, no es pertinente asumir con condescendencia que no se debe hacer nada en un caso así. Estableciendo una comparación muy simple, no sería lógico minimizar esta conducta si se tratase de alumnado sin discapacidad. Hablar de lo que ha ocurrido, explicar unos criterios mínimos de respeto e incluso, invitarlo a abandonar la clase si no va a respetar al resto, pueden ser medidas proporcionadas a este tipo de comportamiento. Pensar que su acción es menos grave por tener discapacidad también es discriminación, y se basa en la idea de amoralidad expuesta al comienzo del epígrafe.

La amoralidad se vincula estrechamente con la infantilización de las personas con discapacidad, lo que nos invita a hablar de la perspectiva interseccional.

4. La discapacidad desde un enfoque interseccional

La discapacidad, como constructo social que implica discriminación y como constructo político que genera opresión, se ve atravesada por otras cuestiones que condicionan de forma singular la experiencia vital. Esta intersección de condiciones y situaciones recibe el nombre de discriminación interseccional (Serrato, 2021), y en el caso de las personas con discapacidad, especialmente de las mujeres, opera con formas de discriminación singulares (Moscoso, 2007; Shun y Conde, 2009). A continuación, se exponen algunas de estas.

4.1. La infantilización

A lo largo de mi experiencia trabajando en el ámbito de la discapacidad, he observado una queja recurrente entre las personas con discapacidad: la percepción de que no son consideradas personas adultas. Se trata de algo manifestado por personas con discapacidad de cualquier edad y clase social.

La infantilización de las personas con discapacidad, especialmente en los contextos profesionales, se debe a diferentes motivos. En primer lugar, la infantilización se vincula con cuestiones como la enfermedad, la fragilidad, la minusvaloración o incluso con el manido concepto de la "edad mental". Son incontables las veces que alguna alumna o alumno me ha hablado de familiares o personas conocidas con discapacidad expresando la edad mental que cree que tiene, y justificando a continuación que por ese motivo se han llevado a cabo determinadas acciones.

A nivel institucional, he observado numerosos ejemplos y experiencias de entidades o asociaciones de personas con discapacidad que se refieren a las personas usuarias como "los niños" o "las niñas". En ocasiones, el alumnado que ha observado esto en sus prácticas profesionales ha hecho alguna crítica en los diarios de campo o lo ha comentado en alguna sesión de seguimiento. Sin embargo, por regla general soy yo quien les pregunta por esto y quien advierte que a la alumna o alumno en cuestión no le ha extrañado para nada este hecho. Se debe reflexionar sobre como un gesto tan pequeño, como es el nombrar o apelar, entraña un mundo de ideas singular, relacionado con la percepción que se tiene de las vidas, las decisiones, las opiniones o los cuerpos.

En esta línea, en ocasiones pregunto al alumnado en prácticas cómo se realizan labores de aseo a personas que precisan este apoyo en instituciones de día o residenciales. Aunque en muchas ocasiones se realizan adecuadamente, en un cuarto de baño, también he conocido casos en que se producen cambios de pañal en medio de una sala común. El alumnado suele comentar que no había reparado en ello hasta ese momento, lo que constituye un indicador de cuán naturalizado está el capacitismo. El deber de las profesionales del trabajo social pasa por garantizar la dignidad inherente al ser humano, procurando el mayor respeto a todas las personas con discapacidad, incluso cuando estas no puedan manifestar sus deseos o preferencias.

Recientemente, una compañera que trabaja en una entidad del ámbito de la discapacidad me comentaba, escandalizada, que habían castigado a una usuaria de 53 años. Si a una mujer de esa edad se le impone un castigo, como si fuese una niña, habiendo abandonado la infancia hace muchos años. Ejemplos así evidencian que aún no se ha interiorizado, por parte de las profesionales, un adecuado concepto de acompañamiento. Retomando lo expuesto sobre la adscripción de amoralidad que pesa sobre las personas con discapacidad, no se niega la pertinencia de discutir con ella su comportamiento o conducta, aclarar cuestiones de convivencia o incluso que tenga que asumir alguna sanción de la que previamente se le hubiese advertido, pero no podemos asumir que es lícito imponer castigos a mujeres adultas porque tienen una discapacidad.

Por último, es preciso detenerse en analizar la infantilización como una cuestión que, desde ámbitos formales e informales, discrimina a las personas con discapacidad, muy especialmente a las que tienen una discapacidad intelectual o del desarrollo. Como ya se expuso, los imaginarios sociales no surgen espontáneamente sino de creencias, prejuicios y prácticas sociales, entre otros factores. La infantilización, además de por las prácticas de los contextos cercanos a la persona, se ha reforzado durante siglos por el cuestionamiento o la anulación que se ha hecho de la capacidad jurídica de las personas con discapacidad.

4.2. Del paternalismo a la incapacitación social

La capacidad jurídica es aquella que todas las personas poseen para ser sujetos de derechos y obligaciones. Dicha capacidad se obtiene con el nacimiento y se extingue al fallecer. Sin embargo, existen ciertas restricciones como, por ejemplo, para las personas menores de 18 años. Bajo la excusa de la protección, las personas con discapacidad han sido y son objeto de considerables alteraciones de esta capacidad (Benavides, 2013). A modo de síntesis, se puede decir que, en la actualidad, tras numerosas reformas legales, en España es posible modificar la capacidad jurídica de una persona con discapacidad, pero no de forma sustitutiva, tal y como ocurría hasta hace unos años con el conocido sistema tutelar, el cual equiparaba a estas personas con eternas menores de edad. Mediante este instrumento, se generaba una legitimación administrativa, política y civil, por la que la infantilización adquiría una dimensión benéfica difícil de confrontar. Si bien mediante la Ley 8/2021 de 2 de junio, por la que se reforma la legislación civil y procesal para el apoyo a las personas con discapacidad en el ejercicio de su capacidad jurídica (BOE, 2021), queda establecido que no pueden imponerse métodos que anulen la capacidad jurídica de esta población, aún son muchas las situaciones de tutela que no se han modificado en consonancia con la nueva legislación. Hasta hace poco, decretar una tutela era otro recurso muy utilizado por el alumnado en la resolución de casos prácticos, bajo una falsa premisa de que "eso arreglaba todo".

Esta modificación jurídica y social está suponiendo un nuevo reto para la profesión del trabajo social. Superadas las concepciones más tradicionalistas o medicalizadoras, existen enfoques que abogan por la autonomía personal y el cumplimiento de los derechos humanos. Se constituyen como la llave necesaria para, por fin, acompañar de forma respetuosa a las personas que lo precisen en sus proyectos vitales, sin asistencialismo ni protección mal entendida.

4.3. Desgenerización y desexualización: eterna niñez impuesta

Una característica fundamental de la discriminación interseccional es su propiedad dinámica. En este caso, el dinamismo de la infantilización radica, entre otras propiedades, en su capacidad de retroalimentación. La infantilización se manifiesta en cuestiones muy evidentes y visibles, como pueden ser el trato, la apariencia e incluso, la forma de vestir. A su vez, son aspectos que, al ser observados por una tercera persona, servirán de guía y referencia para seguir tratando a esa persona del mismo modo que se ha observado, por lo que el bucle de la infantilización se va cerrando y resulta más difícil de romper. Estas dinámicas las que producen y reproducen una percepción desgenerizada o desexualizada de las personas con discapacidad, y muy especialmente de las mujeres (Moscoso, 2007).

Por esto, en mis clases suelo tratar el tema de la ropa y de la elección de la misma por parte de personas con discapacidad. Si esta elección la hace su entorno cercano, eligiendo ropa infantil, se propicia que su imagen sea aniñada, trasmitiendo que no tienen más deseos o necesidades que las infantiles. Obviamente es el exponente de una dinámica capacitista más amplia.

Desafortunadamente, no es frecuente que en un manual de trabajo social o Servicios Sociales se abogue por la importancia de que las personas con discapacidad elijan su ropa, pero quizás se trate de un microelemento que se deba incorporar como indicador de la autonomía que se está permitiendo alcanzar a personas con discapacidad.

En este punto, es pertinente reflexionar sobre el propio término de infantilización porque ¿es así cómo creemos desde la profesión que se debe tratar a la infancia? Es imprescindible auto interrogarse profesionalmente a este respecto. La protección, que todas las personas pueden necesitar en determinados momentos o situaciones vitales, no es una imposición o sustitución de decisiones, sino un acompañamiento responsable en que se dote a las personas de recursos y herramientas que les permitan empoderarse y reivindicarse.

5. Capacitismo interiorizado

Finalizando la articulación de cómo operan los estigmas, prejuicios e imaginarios sociales, es imporante comprender el concepto de opresión interiorizada (Shakespeare, 2008, p. 76). Como el término induce a pensar, se trata del fenómeno por el cual, en la configuración identitaria individual o colectiva de las personas con discapacidad, llegan a introducirse los mensajes y las acciones negativas que reciben por parte de un sistema capacitista que les oprime y discrimina. De este modo, en mayor o menor medida, y aunque las personas tengan la capacidad de resistirse o formular críticas al sistema, se llegan a interiorizar las opresiones confrontadas a lo largo de la vida. Este fenómeno también se encuentra presente en otras poblaciones objeto de marginación, como pueden ser las minorías étnicas, o incluso, las mujeres. Es imprescindible atender a él en el abordaje de intervenciones profesionales, de modo que permita identificar actitudes o conductas. En relación a lo ya expuesto, podemos articular esta opresión interiorizada como capacitismo interiorizado. A continuación, se analizan algunos ejemplos prácticos de este fenómeno.

5.1. Capacitismo interiorizado en el alumnado: eficacia vs. autonomía

El capacitismo interiorizado es frecuente en la cotidianidad de las personas con discapacidad. Por ejemplo, cuando una persona prefiere no reclamar o manifestar determinadas necesidades, a veces por "no querer ser una molestia", otras veces por no parecer vulnerable. Es recomendable que el alumnado aprenda a reconocer esta actitud, y no la confunda con un simple desistimiento por parte de las personas usuarias. Se interioriza que profesionales, familiares u otras personas del entorno, realizan las acciones con mayor eficacia que la propia persona. Esto puede alcanzar enormes dimensiones, llegando a que la propia persona con discapacidad asuma que es mejor dejar a su entorno que actúe sobre su vida como considere. Obviamente, esto propicia un complejo debate, entre entender qué apoyos se precisan o cuánta autonomía se quiere y puede lograr. Por ello, o se debe olvidar que apoyar a una persona en sus necesidades no debe pasar por: "Yo lo hago mejor que tú y por eso es mejor que ni lo intentes"[1].

5.2. Capacitismo interiorizado en el profesorado: Del desconocimiento a la condescendencia

Sobre el capacitismo interiorizado por parte del profesorado de Trabajo Social, se deben señalar dos aspectos fundamentales. Por un lado, el capacitismo a la hora de abordar la discapacidad como cuestión teórica en clase, y por otro, el capacitismo interiorizado hacia el alumnado con discapacidad.

---

1 Para profundizar sobre esto se aconseja revisar la lectura recomendada sobre microagresiones capacitistas.

El capacitismo interiorizado en un sentido teórico se basa en múltiples factores, como la discriminación estructural y su manifestación en el ámbito académico, el desconocimiento intencionado o inintencionado sobre la materia, o el elitismo intelectual que jerarquiza la validez de determinados campos científicos. En esta línea, recuerdo que, siendo estudiante, una compañera me contó como en una asignatura optativa relacionada con dependencia que yo no cursaba, les habían hecho estudiar la diferencia entre deficiencia, minusvalía y discapacidad. Se trata de conceptos promulgados en la década de los ochenta, que en la actualidad están derogados por los propios organismos internacionales que los publicaron, pero que, sorprendentemente, continúan en el contenido teórico de algunas asignaturas.

En cuanto a la segunda variante, es frecuente que compañeras y compañeros docentes acudan a consultarme cuando alguien del alumnado presenta algún tipo de discapacidad. En este sentido, el capacitismo interiorizado se vehicula en gran medida a través de la condescendencia, entendiendo que lo mejor es que esa persona realice menos trabajo que el resto, o incluso que no se examine. También se encuentran muchas cuestiones relacionadas con el miedo a lo desconocido y la falta de recursos universitarios, asumiendo que la o el alumno con discapacidad no podrá realizar determinadas cuestiones y será una situación insalvable.

6. Conclusiones

A lo largo de este capítulo se ha observado cómo los imaginarios sociales, los prejuicios y los estigmas dificultan el aprendizaje y la práctica profesional del trabajo social en materia de discapacidad.

Nunca debe olvidarse que la finalidad profesional del trabajo social se vincula a la conformación de un Sistema Público de Servicios Sociales, que debiera recoger los recursos mencionados. Pero tampoco se puede negar que, en la situación actual, muchos de los apoyos que las personas con discapacidad precisan pasa por el Tercer Sector. Sin profundizar por ahora en cuanto de neoliberal puede haber en esta fórmula, es obligación de los y las trabajadoras sociales conocer todos los recursos disponibles para la población objeto de su intervención social.

A modo de síntesis, se pueden extraer recomendaciones concretas para el aprendizaje profesional del Trabajo Social en el ámbito de la discapacidad tales como:

(a) No presuponer que una persona con discapacidad es una persona incapaz de tomar decisiones propias e, incluso, acertadas.

(b) No adoptar la premisa de que las personas con discapacidad, en particular las mujeres, son incapaces de cuidar.

(c) Encaminar las acciones de intervención a la búsqueda de apoyos, ya sean apoyos puntuales o permanentes. En esta línea, asumir que a veces los apoyos también pueden ser entrenamientos o aprendizajes de nuevas habilidades y tareas o, todo lo contrario; desplazando el foco a la incorporación de recursos que hasta ahora no se habían considerado pero que las personas demandan como los más idóneos.

(d) No asociar el porcentaje de discapacidad a una valoración de mayor o menor gravedad de la situación de la persona, sino considerar otros aspectos sociales, culturales y relacionales. En este sentido, debemos valorar siempre si el problema social es un problema derivado de la falta de apoyos y recursos que la persona recibe, y no inferir sin más que se trata de un problema derivado de la condición de la persona.

(e) Conocer los recursos en materia de discapacidad. En esta línea, más allá de las prestaciones económicas, recursos en materia de dependencia, o el conocimiento en materia de valoración y acreditación de la situación de discapacidad, es interesante que el alumnado se forme e informe de otros recursos que proporcionan asociaciones o entidades de servicio público.

Lecturas recomendadas

Moral Cabrero, E., Huete García, A., y Díez Villoria, E. (2020). ¿Soy lo que ves? Microagresiones capacitistas y visibilidad de la discapacidad. *Revista Española de Discapacidad*, *8*(2), 7-31. https://doi.org/10.5569/2340-5104.08.02

Artículo centrado en el estudio de las microagresiones capacitistas. Resulta muy interesante para pensar y repensar como las discriminaciones operan a nivel micro en la vida de las personas con discapacidad.

Morales, C. (2018). *Lectura fácil*. Anagrama.

Novela de Cristina Morales, basada en el proceso de esterilización de una chica con discapacidad intelectual que vive en un piso tutelado con tres compañeras más. No es una lectura académica, pero resulta muy útil para pensar en ciertas dinámicas administrativas e institucionales. También aparecen trabajadoras sociales con diferentes roles y estilos profesionales.

Otaola Barranquero, M. P. (2022). La exclusión social de las mujeres con discapacidad en el medio rural. Estudio sobre la realidad social de las mujeres con discapacidad en el medio rural de la provincia de Segovia. Ed. Diputación de Segovia https://www.dipsegovia.es/documents/39512/695895/1.1+Libro+exclusi%C3%B3n+m+d.pdf/5b25e91e-3f47-eec6-2b46-c7b1b09c4835?t=1648542262405

Monográfico sobre mujeres con discapacidades en la provincia de Segovia. Muy útil para repensar la acción e intervención social en contextos no urbanos.

Actividades de repaso

1. Busca en medios de comunicación alguna noticia sobre discapacidad ¿Identificas algún prejuicio de los analizados en el capítulo?
2. Busca algún caso práctico en materia de discapacidad que hayas realizado en clase y hazlo de nuevo.

Resumen

El presente capítulo aborda, desde un enfoque autoetnográfico, como los prejuicios y estigmas que atraviesan los imaginarios sociales sobre personas con discapacidad, están presentes en la profesión del trabajo social. En ocasiones, son cuestiones interiorizadas por la población en general, por lo que el alumnado de esta disciplina no está libre de poseer estas concepciones que, en la mayoría de casos, generan ciertas dinámicas de capacitismo profesional. Clarificados los conceptos de imaginario social, estigma y prejuicio, se exponen algunos de los más frecuentes, tomando como base la pervivencia y persistencia del modelo médico rehabilitador en las dinámicas profesionales actuales, el cuestionamiento moral que confrontan las personas con discapacidad y la discriminación interseccional que culmina con las imposiciones de perfección, la infantilización, la desgenerización y la desexualización. Por último, se analiza el concepto de opresión interiorizada y su articulación en el fenómeno del capacitismo interiorizado, bien por parte del alumnado, bien por parte del profesorado de Trabajo Social. Las conclusiones aportan una síntesis del recorrido llevado a cabo y una serie de recomendaciones muy breves para mejorar el aprendizaje y la práctica profesional de la disciplina.

Bibliografía

Baeza Rodríguez, M. A. (2011) *Elementos básicos de una teoría fenomenológica de los imaginarios sociales.* Tusquets.

Barnes, C. (2010) Discapacidad, política y pobreza en el contexto del ¿mundo mayoritario? *Política y sociedad,* 47 (1) 11-25 https://revistas.ucm.es/index.php/POSO/article/view/POSO1010130011A

Barton, L. (comp.) (1998) *Discapacidad y sociedad,* Editorial Morata.

Barton, L. (Comp.) (2008) *Superar las Barreras de la Discapacidad.* Editorial Morata.

Benavides López, A. F. (2013). *Modelos de capacidad jurídica: Una reflexión necesaria a la luz del Art. 12 de la Convención Internacional de los Derechos de las Personas con Discapacidad* (Tesis doctoral). Instituto de Derechos Humanos Bartolomé de las Casas. Universidad Carlos III de Madrid.

BOE (2021). Ley 8/2021, de 2 de junio, por la que se reforma la legislación civil y procesal para el apoyo a las personas con discapacidad en el ejercicio de su capacidad jurídica. Boletín Oficial del Estado de 3 de junio de 2021, 132.

Campbell, F. A. K. (2001). "Inciting legal fictions: Disability's date with ontology and the ableist body of the law". *Griffith Law Review,* 10, 42-62.

Federación Internacional de Trabajo Social, FITS (2014). Definición Global del Trabajo Social. *Melbourne, Australia.* https://www.ifsw.org/what-is-social-work/global-definition-of-social-work/definicion-global-del-trabajo-social/

Garland-Thomson, R. (2001). *Re-shaping, Re-thinking, Re-defining: Feminist Disability Studies.* Center for Women Policy Studies

Goffman, E. (1989) *Estigma. La identidad deteriorada.* Amorrortu.

Goodley, D. (2017). *Disability studies: An interdisciplinary introduction.* SAGE.

Haraway, D. J. (1995). *Ciencia, cyborgs y mujeres. La reinvención de la naturaleza.* Ediciones cátedra.

Huici, C. "Estereotipos" En Morales, J. F. y Huici, E. (1996) *Psicología Social y Trabajo Social.* Mc Graw-Hill, Cap. XI.

Jiménez Pérez, G. y Serrato Calero, M. M. (2014). Del padecimiento a la diversidad: Un camino hermenéutico, *Revista Española de Discapacidad, 2* (2) 185-206.

Morán-Carrillo, J. M.; Flores-Sánchez, M. (2018) El Trabajo Social como forma de control: un análisis desde la perspectiva de la Epistemología histórica. *Cuadernos de Trabajo Social,* 31(2), 321-331.

Moscoso Pérez, M. (2007). Menos que Mujeres: Los discursos normativos del cuerpo a través del Feminismo y la Discapacidad. En: J. Arpal y I. Mendiola, *Estudios sobre cuerpo, cultura y tecnología.* Bilbao. Servicio Editorial de la Universidad del País Vasco. 185-195.

Moya Santander, L. (2022). Teoría tullida: Un recorrido crítico desde los Estudios de la Discapacidad o Diversidad Funcional hasta la teoría CRIP. *Revista Internacional de Sociología, 80* (1) 1-17.

OMS (2001) *Clasificación Internacional del Funcionamiento, de la Discapacidad y de la Salud. Organización Mundial de la Salud* https://www.imserso.es/InterPresent2/groups/imserso/documents/binario/435cif.pdf

OMS (2011) Informe Mundial sobre la Discapacidad. Organización Mundial de la Salud y banco Mundial https://www.who.int/es/publications/i/item/9789241564182

Sanmiquel-Molinero, L. (2020). Los Estudios de la Dis/capacidad: una propuesta no individualizante para interrogar críticamente la producción del cuerpo-sujeto discapacitado. *Papeles del CEIC,* 2 (231) 1-19.

Serrato Calero, M. M. (2021). Discriminación Interseccional. En: M. P. Díaz López, A. Huete García y E. Díaz Velázquez (Coords.) *Personas con Discapacidad, Derechos Sociales y Cultura de las Capacidades.* Ed. Facultat d'Educaçió, Universitat de Barcelona, Ed. Saragossa. 225-232

Shakespeare, T. (2008). La autoorganización de las personas con discapacidad: ¿un nuevo movimiento social? En L. Barton (Comp.) *Superar las barreras de la discapacidad.* Morata. 68-85.

Shum, G. y Conde Rodríguez, Á. (2009). Género y Discapacidad como moduladores de la identidad. *Feminismo/s, 13,* 119-132.

Suárez-Lantarón, B., Díaz-Gómez, A. M. y García-Perales, N. (2022). Percepción del alumnado universitario sobre la discapacidad intelectual: estudio exploratorio descriptivo. *Siglo Cero, 53*(4), 69-87.

Yerga-Miguez, M. D., Serrato-Calero, M. M. y Reina-Aguilar, P. Construyendo una docencia inclusiva y no sexista en trabajo Social, En: Díaz-Jiménez, R. M. y Macías Gómez-Estern, B. (Coords), (2023) *Innovación en las universidades: Oportunidades para la transformación docente.* Editorial Octaedro. 117-124

Solucionario

Ejercicio 1. Para saber si lo has realizado correctamente puedes responder a estas preguntas:

¿Has advertido un tratamiento infantilizador en la noticia? ¿La persona con discapacidad protagonista del hecho es cuestionada o infravalorada? ¿Crees que la noticia se habría redactado del mismo modo si no se tratase de una persona con discapacidad? ¿Se menciona el tipo de discapacidad y grado de la misma?

Ejercicio 2. Una vez realizado ¿has aplicado la misma solución que la vez anterior? ¿Has recomendado otros recursos más allá de prestaciones económicas o residenciales? ¿Has buscado algún recurso nuevo que desconocías?

Conclusiones: cinco claves para el trabajo social anticapacitista

LAURA SANMIQUEL-MOLINERO
Universitat Autònoma de Barcelona

ANDREA GARCÍA-SANTESMASES FERNÁNDEZ
Universidad Nacional de Educación a Distancia

A lo largo de este manual, hemos tratado de enfatizar que, aunque el trabajo social tenga una clara orientación a la acción, quienes se enmarcan en esta disciplina deben tener un fuerte espíritu reflexivo, atento a las implicaciones políticas de nuestras formas de intervenir. La intervención social siempre está fundamentada en teorías y modelos que establecen quiénes son los sujetos y los objetos de la intervención y qué atributos tienen. Es decir, dichas maneras de intervenir refuerzan determinadas formas de distribuir el poder en una sociedad particular, al tiempo que impiden otras.

En este sentido, las personas que firmamos este manual creemos firmemente que es necesario inspirar nuestras intervenciones en la perspectiva transformadora que nos ofrecen los Estudios Críticos de la Discapacidad y el Movimiento de Vida Independiente. Estas perspectivas dibujan futuros posibles donde las personas —que algunas autoras aquí denominamos *discapacitadas,* otras *con discapacidad,* otras *con diversidad funcional* — no quedan relegadas a los márgenes sociales, bajo el yugo de unos "cuidados" que no se les permite gestionar y en los que son posicionados como una "carga".

No debemos caer en el error de pensar que introducir esta perspectiva es "politizar en exceso" nuestro quehacer profesional. Y es que las intervenciones sobre la discapacidad que suelen hacerse actualmente, basadas en los reseñados modelos individuales, son tan políticas y teóricamente orientadas como las que aquí proponemos. La única diferencia es que, lamentablemente, estas últimas han logrado disfrazarse de "neutralidad", "experticia técnica" y "objetividad científica" hasta nuestros días.

Posicionarnos en los Estudios de la Discapacidad no implica seguir un recetario fijado de propuestas de intervención, sino volver ineludible la reflexión y la politización de nuestra práctica cotidiana. En este capítulo conclusivo, apuntamos algunas claves para orientar la intervención profesional partiendo de las enseñanzas de cada uno de los capítulos que conforma el manual. Lo hacemos con la esperanza de que las trabajadoras sociales del futuro, lejos de limitarse a gestionar los recursos disponibles, devengan verdaderas agentes en la construcción de lo que aquí llamamos "trabajo social anticapacitista".

1. El trabajo social anticapacitista asume que la discapacidad tiene muchos significados

A lo largo del libro, hemos tratado de dejar claro que la discapacidad no debe nunca equipararse a una mera *deficiencia biológica*. Por el contrario, tal y como nos muestran Laura Moya en el segundo capítulo y Salvador Cayuela en el tercero, esta forma particular de entender la "discapacidad" es un constructo surgido en la modernidad y afianzado entre los siglos XIX y XX, de la mano de la consolidación de la ciencia médica y su "individuo normal". Antes de eso, la discapacidad quedaba eminentemente vinculada a la moral (religiosa) y subsumida en la figura del "pobre auténtico". Ya en el último tercio del siglo XX, los Estudios de la Discapacidad reformularían el concepto de discapacidad para entenderla como *discapacitismo*. Esto es, una forma de opresión impuesta sobre los cuerpos considerados "biológicamente deficientes" que se expresa en forma de barreras físicas y sociales, y que vulnera sus derechos.

La Convención de los Derechos de las Personas con Discapacidad (ONU, 2006) define la discapacidad como un "concepto que evoluciona con el tiempo". Los cambios de modelo de comprensión de la discapacidad no son arbitrarios, sino que tienen mucho que ver con las formas de *gobierno del conjunto de la población* y las formas que toman los movimientos sociales en cada momento y lugar. Es por eso que, por ejemplo, el capítulo 3 relaciona el surgimiento de la discapacidad en España con la denominada "biopolítica interventora". Asimismo, en el capítulo 5, Antonio Iañez vincula el origen del movimiento de vida independiente en los Estados Unidos con otros coetáneos como la lucha por los derechos civiles de los años sesenta y setenta. Por su parte, Paula Danel, en el capítulo 4, vincula las formas actuales de atender la discapacidad con el neoliberalismo.

Por último, es importante recordar que, lejos de entender este proceso como el paso de unos modelos de comprensión de la discapacidad a otros, debemos esforzarnos en reflexionar sobre cómo todos ellos impactan y perviven en nuestro quehacer profesional.

2. El trabajo social anticapacitista no gestiona recursos, promueve derechos

Como apuntan los capítulos 2 y 3, las concepciones más recientes de la discapacidad la describen como un asunto de *derechos humanos* que deben ser garantizados por parte de los profesionales. Ya no vale, como nos decía Mercedes Serrato en el capítulo 9, acomodarnos en esa bonhomía condescendiente que nos lleva a entender nuestro quehacer profesional como una forma de "ayudar a los necesitados".

Ahora bien, si, como apunta este capítulo, la sociedad y el actual sistema de provisión de servicios arrastran los modelos anteriores —pensemos en cómo las valoraciones del grado de la discapacidad y de dependencia reproducen el modelo médico—, no podemos confiar en que los recursos existentes se ajusten al modelo de derechos. Es por ello que no podemos permitirnos que nuestra tarea sea una mera "gestión de los recursos disponibles", sino que debemos centrarnos en apoyar a las personas categorizadas como discapacitadas para que conozcan sus derechos, formulen y se sientan legitimadas en sus necesidades, y participen en el diseño de estrategias para ejercer los primeros y cubrir las segundas.

Como dice Titchkosky (2022), asumir que la discapacidad será incluida solo en la medida en que se amolde a los recursos que tenemos para ella, es aceptar que la discapacidad siempre puede ser excluida *si las circunstancias lo requieren*. Y eso es lo mismo que no creer en la inclusión.

3. El trabajo social anticapacitista trata la "vida independiente" como el derecho humano reconocido que es

Si algo caracteriza a la humanidad en su conjunto, es la interdependencia. Sin embargo, hay formas de dependencia socialmente aceptadas y otras socialmente sancionadas.

El activismo de la discapacidad nos enseña que la "vida independiente" no debe ser un privilegio temporalmente reservado a aquellos capaces de camuflar su *dependencia* dentro de los márgenes de lo aceptable. En este sentido, el capítulo 5 nos muestra cómo el movimiento de vida independiente (MVI) consiguió consolidar la vida independiente como un derecho recogido en el artículo 19 de la CDPD, que el Estado español debe garantizar. El MVI reformuló las ideas de "autonomía" e "independencia", y propuso que carecer de autonomía física para algunas actividades no debe confundirse con carecer de autonomía moral para tomar decisiones sobre dichas actividades. El MVI propuso la Asistencia Personal como recurso que evita tanto esta confusión como la pérdida de autonomía que supone para las mujeres de la familia estar obligadas a "cuidar a sus miembros dependientes". En este sentido, el trabajo social debe promover el conocimiento y el desarrollo de este recurso, todavía infraconocido dentro de la profesión.

Asimismo, como nos muestran Joan Moyà-Köhler y Oscar Martínez en el capítulo 6, el derecho a una vida independiente no solo debe proveerse para las personas con discapacidad física, y no debe limitarse a garantizar la asistencia personal. Por el contrario, el movimiento de la discapacidad intelectual y la parte de la academia que ha abordado una perspectiva crítica respecto a este tipo de discapacidad, han reformulado la noción de autonomía moral propuesta por el activismo de la discapacidad física, subrayando la necesidad de considerar los apoyos del entorno en la toma de decisiones.

Finalmente, Miguel Urra, Eva Rubio y Francisco Javier García-Castilla, en el capítulo 7, nos presentan otra de las manifestaciones del trabajo desde (y no contra) la interdependencia, cuando nos muestran que, especialmente cuando la discapacidad se habita desde la infancia, es necesario trabajar con la familia en su conjunto. Solo así podremos contribuir a que los menores con discapacidad y su entorno no crezcan con los modelos del pasado y se conviertan en personas que no aceptarán otra cosa que no sea el cumplimiento de sus derechos humanos.

4. El trabajo social anticapacitista promueve los derechos humanos de las personas "discapacitadas" porque amplía los márgenes de "lo humano"

En los tres puntos anteriores, hemos enfatizado que el discapacitismo es una vulneración de los derechos humanos y que el trabajo social debe estar por la consecución de dichos derechos, entre los que destaca el derecho a la vida independiente. Esto no es meramente una cuestión técnica —consistente en incorporar *más recursos* a una cartera más que deficiente— sino una cuestión filosófica y política de amplio calado. Y es que garantizar los derechos humanos de las personas que categorizamos como discapacitadas no va a ser nunca una prioridad hasta que no alcancen (o alcancemos) el estatus de *humanos plenos*. Es por eso que algunos capítulos de este manual han recalcado la idea de que, si queremos combatir el discapacitismo, tenemos que combatir paralelamente el capacitismo.

El capacitismo, recordemos, es aquel conjunto de prácticas y discursos sociales que establecen que solo un determinado tipo de cuerpo/mente —racional, físicamente fuerte, masculino, adulto, blanco, heterosexual— es el "ejemplar típico de la especie humana" (Campbell, 2009, p. 5). Todos aquellos que no se ajusten a ese ideal, quedan constituidos como "menos que humanos completos" y, por tanto, no necesariamente adjudicatarios de los derechos humanos. Así, el trabajo social debe convertirse en una disciplina clave en la ampliación de los márgenes de lo humano.

Para hacerlo, debemos asegurar que las personas con discapacidad están en el centro de la intervención en todas sus fases, incluyendo el diseño, la implementación y el seguimiento. Si no lo hacemos así, corremos el riesgo de dar por buenas soluciones que no aceptaríamos para ningún otro colectivo cuya humanidad *ya* no ponemos en entredicho. Un pequeño ejemplo, propuesto por Reeve (2004), refiere a la doctrina "separados pero iguales", es decir, aquella que propugna que los colectivos minoritarios tienen derecho a los mismos servicios, pero que deben ser provistos en espacios distintos a los que ocupa la mayoría. A día de hoy se considera inaceptable para las personas racializadas pero no así para la población con discapacidad. Pensemos en las llamadas "escuelas especiales" o la cantidad de establecimientos o servicios que tienen la "entrada accesible" en la puerta de detrás.

Por tanto, el trabajo social debe preguntarse de qué modo los recursos de los que dispone actualmente reproducen la idea de que el sujeto discapacitado no es "plenamente humano", y avanzar hacia la generación de alternativas que amplíen los márgenes de la humanidad.

5. El trabajo social anticapacitista será interseccional o no será

Si nos fijamos en la definición de capacitismo apuntada en el apartado anterior, queda claro que este no solo incumbe a las personas categorizadas como discapacitadas, sino también a todos aquellos colectivos que se apartan del supuesto "ejemplar típico de la especie humana": las mujeres, las criaturas, las personas trans, las personas mayores, las personas no blancas, etc. Es por ello que varios de los capítulos del libro insisten en la necesidad de incorporar una perspectiva interseccional al trabajo social anticapacitista.

En el capítulo 4, la perspectiva interseccional se ve reflejada cuando la autora nos invita a considerar que el capacitismo está intrínsecamente imbricado con el colonialismo, el patriarcado y el neoliberalismo. Asimismo, en el capítulo 9, la perspectiva interseccional nos invita a considerar que uno de los mecanismos clave por los que se niega la autonomía física y moral a las personas con discapacidad son la infantilización, la desgenerización y la desexualización. Finalmente, en el capítulo 8, Eduardo Díaz y Agustín Huete, demuestran, con datos cuantitativos, los modos en los que las personas con discapacidad no conforman un colectivo homogéneo, de modo que la experiencia de la discapacidad estará mediada por la pertenencia a otras categorías sociales.

El trabajo social del futuro debe integrar estas dos visiones de lo interseccional en su práctica profesional. Por un lado, debe ser capaz de promover y aplicar unas políticas públicas no "monosectoriales", que tengan en cuenta que no existe un único "sujeto discapacitado", como tampoco podemos hablar, por ejemplo, de un sujeto "mujer" al que a menudo se presupone la "capacidad" (para profundizar en la intersección entre género y dis/capacidad, consultar García-Santesmases, 2023). Por el otro, el trabajo social interseccional debe interesarse por cómo distintos ejes de diferenciación social trabajan conjuntamente para producir al "usuario de la intervención" de una determinada manera. Es decir, debe preguntarse de qué manera las intervenciones actuales "infantilizan" y "desexualizan" al sujeto discapacitado, y qué podemos hacer para cambiarlo.

Si, como dicen las activistas de la discapacidad y demuestran insistentemente las estadísticas, la discapacidad es el futuro que aguarda a quien vive lo suficiente, el futuro será anticapacitista o no será, y el trabajo social no puede ser ajeno al cambio. Queda claro que la tarea que tenemos por delante no es sencilla, y requerirá de transformaciones radicales que exceden con mucho este manual. Por el momento, este texto busca sembrar la semilla de la mirada anticapacitista en las futuras profesionales del trabajo social. Y es que del mismo modo que sería descabellado situar en esta disciplina toda la responsabilidad en las transformaciones necesarias, igual de descabellado sería pensar que el cambio puede ocurrir sin la participación decidida del trabajo social.

Bibliografía

Campbell, F. K. (2009). *Contours of ableism: The production of disability and abledness.* Palgrave Macmillan.

García-Santesmases, A. (2023). *El cuerpo en disputa: la conversación pendiente entre feminismo y anticapacitismo.* Kaotica libros.

Reeve, D. (2004). Psycho-emotional dimensions of disability and the social model. *Implementing the social model of disability: Theory and research,* 83-100.

Titchkosky, T. (2022). DisAppearing Promises: The University's Unfortunate Framing of Disability. En T. Titchkosky, E. Cagulada, & M. DeWelles (Eds.), *DisAppearing Encounters in Disability Studies* (pp. 19-32). Canadian Scholars Press.